EUGENIO CARICO

LA LEGGE DELLA
NON
ATTRAZIONE

PERCHE' LA LEGGE DELL'ATTRAZIONE NON FUNZIONA E
COSA FARE PER FARLA FUNZIONARE DAVVERO

ISBN 978-1-326-01431-5

INTRODUZIONE

A volte la verità ci arriva nei modi più inaspettati e spesso anche in modi strambi e un pò ridicoli, ricordo anni fa, mentre guardavo distrattamente un film di notte alla TV, che fui colpito dalla frase di un film che mi folgorò in tutta la sua semplicità, volgarità e realtà:

"in questo periodo mi sento proprio come una calamita, che però attrae solo merda"

il film in questione, è "La leggenda del re pescatore", lo cito per dovere di cronaca e anche perchè è un bel film, ma la frase citata sopra, fu per me come una cometa, che illuminò ciò che fino ad allora era stata la mia vita, una calamita, certo ma alla rovescia, avevo attratto principalmente cose negative ed esperienze che tutto sommato mi sarei evitato volentieri, ma come mai le cose andavano sempre storte per me e come mai sembrava che esistesse come un preordine affinato al fallimento finale, sempre e comunque, e così in un attimo di incredibile lucidità mi resi conto di quanto fosse formidabile la Legge della NON Attrazione, ossia come sia in realtà, per motivi che vedremo nel corso del libro, molto più facile attrarre sfaceli che ricchezze e felicità.

Basta guardarsi intorno e vedremo come, sopratutto oggi, in piena "crisi" globale, siano in maggior numero le persone insoddisfatte, frustrate e scontente, di quelle allegre felici e prospere nella propria ricchezza, interiore ed esteriore.

Capiremo meglio come mai le cose stiano così, sappiate comunque che non è un caso e che il numero in gioco è di tipo esponenziale, ossia, più aumentano gli insoddisfatti e più aumenteranno, è proprio per la natura dell'Uomo che le cose stanno così, pensiamo di essere persone autonome e indipendenti, ma in realtà siamo delle incredibili spugne che assorbono costantemente le emozioni e i cambiamenti esterni e li crediamo nostri, quando non lo sono in nessun modo, questi meccanismi sono molto conosciuti da secoli e vengono usati a piene mani, da politici senza scrupoli, manipolatori e pubblicitari.

Il problema di fondo è che in pochi sono in grado di vedere la differenza tra ciò che sono e ciò che gli viene immesso dentro, per così dire, l'Uomo è in realtà, un insieme di convinzioni, sono queste che ci fanno credere ciò che è possibile e ciò che non lo è, cosa si può fare e cosa no, se avverti il mondo come un luogo oscuro, tetro e pieno di insidie, stai pur certo che è esattamente ciò che vivrai per tutta la tua esistenza, salvo cambiare radicalmente opinione, ossia, riprogrammando il tuo subconscio in modo consapevole e sopratutto a tuo piacimento.

Le tecniche che esistono per farlo sono molte, ma, vi dico subito, avendone provate moltissime, che richiedono tempo, denaro, e sembra assurdo, ma hanno bisogno anche della nostra approvazione interiore, quindi se non avete mai creduto in esseri spirituali, nella PNL o nell'autoipnosi, dovrete prima di tutto convincervi che è efficace e reale e poi iniziare il lavoro di riprogrammazione, che, ricordiamocelo, si scontra con decenni di programmazione inversa, dunque iniziate a intuire ora perchè la Legge dell'Attrazione non funziona, il motivo è semplice, è una questione di energie e di forze in gioco, chi vincerà in uno scontro, un uomo armato di fucile a canne mozze o un uomo con un arco di legno?

Capite ora il nocciolo della questione, la Legge dell'Attrazione, è reale e funziona, e possiamo per davvero attrarre a noi ciò che desideriamo, ma se siete adulti e vivete su questa terra, difficilmente realizzerete i vostri sogni semplicemente applicando le leggi della new age o similiari, quello che voglio dire è che per superare la forza negativa di decenni di programmazione, servono tecniche (o qualunque cosa siano) potenti, serve una vera e propria forza d'urto devastante, almeno di forza pari a quelle negative, solo così possiamo capire ed andare oltre, avere consapevolezza di cò che desideriamo e attrarlo a noi, semplicemente perchè è così che funziona, punto e basta, se ciò non avviene è perchè o non abbiamo ben chiaro ciò che vogliamo o perchè abbiamo dei blocchi più o meno potenti, e badate parlo di cose incredibilmente semplici e reali, i blocchi o pensieri limitanti e contrastanti, quando vengono analizzati e portati alla luce della coscienza, appaiono come il lamento piagnoso di un bambino ostinato, come si suol dire, il gigante (noi) viene abbattuto da un canarino che ci appare enorme e potente (paure inconsce e programmazioni decennali).

Ma come si fa a convincere una persona a fare una cosa che non vuole fare? Come si può convincere una persona che il mondo è un luogo triste e misero, che le persone sono solo bestie da soma e il loro unico scopo è lavorare quel tanto che basta per sopravvivere per poi morire senza aver mai neanche sfiorato la realtà dell'inutilità di tutto ciò?

Ve lo spiego portandovi alla luce un esempio semplice, avete presente quando un bambino vuole a tutti i costi un giocattolo, indovinate cosa fa, stressa i genitori fino all'esaurimento e immancabilmente dopo tot insistenza ottiene ciò che vuole.

Così funziona la pubblicità e il sistema più efficace per convincere qualcuno di una cosa è di ripetergliela fino allo sfinimento, semplice ed efficace, come bere un bicchier d'acqua.

Detta così sembrerebbe una guerra persa in partenza, ma vedete, tutto nell'universo tende alla nostra soddisfazione, in realtà la calamita della NON attrazione, è del tutto innaturale, servono tonnellate e decenni di convinzioni erronee per farci desistere, ma nonostante tutto, può bastare un solo singolo evento per risvegliarci, può bastare un singolo incontro, un immagine, o un evento a far crollare il castello di convinzioni che abbiamo assorbito, nel corso del libro vi racconterò i miei "singoli eventi" che mi hanno dato delle vere e proprie scosse e che mi hanno fatto capire nel tempo di un istante, quanto fosse fasulla la programmazione che avevo e quanto fosse autodepotenziante, questi eventi così importanti per me, li voglio rendere pubblici a tutti per farvi capire che esistono forze in campo di gran lunga superiori a quelle citate sopra, sta a noi credere a quello che vogliamo, siamo noi che decidiamo cosa attrarre e cosa no, ricordate, questo è il gioco del "pianeta terra" qualunque cosa voglia dire questa affermazione.

Sono un perito elettronico e studioso di tecnologia e scienza e da sempre mi è stato insegnato a vedere il mondo come un immenso "orologione" svizzero, peraltro molto belli, tutto era Newtoniano per me, causa ed effetto e fine dei giochi, non puoi diventare ricco se nasci povero, non potrai mai superare quel provino, tanto sarà sempre il "figlio di.." ad avere quel lavoro, seguitemi nel ragionamento è tutto collegato anche se potrebbe non sembrarvi per ora, il fatto di credere in un mondo pseudo scientifico crea l'illusione di un mondo che "rispetta le regole", rigido e immutabile, ma le cose stanno davvero così? E poi rispettoso delle regole di chi? Credere che siamo esseri mortali e che alla nostra morte finisce tutto è deprimente si, ma sopratutto errato, ma che importa, il risultato di questo pensiero è il nostro depotenziamento, se siamo solo delle macchine biologiche fine a se stesse, come affermano certi scienziati (per fortuna sempre meno) cosa possiamo aspettarci se non una bella depressione?

Esiste scienza e scienza per fortuna, sopratutto le "nuove" teorie della fisica, come la meccanica quantistica, hanno dato finalmente anche alla scienza la possibilità di sbloccarsi dalle convinzioni autolimitanti, avete capito che roba, anche la scienza e le altre cose soffrono delle limitazioni delle convinzioni autolimitanti, e non potrebbe essere altrimenti visto che in realtà non c'è nessun "là fuori" come vederemo più avanti, siamo tutto noi, è tutto dentro di noi, e non lo dico in senso metaforico/new age, lo dico in senso fisico!

Dunque torniamo a noi, anni fa ero convintissimo che non esistesse nulla oltre la vita (questa) pensavo che la scienza (Newtoniana) potesse spiegare tutto, finchè non avvenne un incontro diretto con una persona che non avrei dovuto vedere (in realtà la percepii solamemente, ma mi bastò vi garantisco) in quanto appena morta!

Avete letto bene, io perito elettronico, assiduo lettore di fisica, coi piedi per terra, formule e matematica a gògò, convintissimo che il mondo dell'aldilà fosse semplicemente un buon modo per vendere libri da parte di pseudo truffatori, assistetti mio malgrado ad un esperienza diretta con una persona appena morta, il padre della mia compagna di allora, vi sembrerà scontato, ma avvenne esattamente quello che per millenni si scrive in tema, la stanza improvvisamente si raffreddò (si dice che gli spiriti assorbano tutta l'energia della stanza per poter apparire, raffreddando così la temperatura rapidamente) io avvertii imediatamente una presenza scioccante e vicinissima a me, non vidi nulla, ma avevo la pelle d'oca in tutto il corpo, ma la povera gatta (pure nera) che insieme a me era da sola nella stanza, si irrigidì immediatamente e svenne per lo spavento, dovetti portarla di corsa dal veterinario, che le constatò un infarto, poverina, si spaventò molto più di me, come è risaputo i gatti sono molto sensibili a questi fenomeni, si dice sopratutto quelli neri per giunta.

Questo singolo, scioccante evento, cambiò nel giro di una manciata di secondi, decenni di programmazione che mi dicevano che non esisteva nessun mistero oltre la vita terrena, che tutto era come un grosso orologio svizzero, tutto risaputo e calcolabile, insomma una vera e propria paccottaglia di stupidaggini, ma ora a differenza di prima, lo sapevo e vedevo questa descrizione dell'universo per quello che era, ossia una potente programmazione in grado di limitare i miei reali poteri, chiudeva in pratica la mia mente in un cantuccio deprimente e scontato, quello che io chiamo il "lo so già grazie", sia chiaro non sono qui a voler dimostrare nulla, se vi servirà, state pur certi che avrete le vostre prove del caso dalla vita, proprio come è capitato a me, ma non è l'obbiettivo di questo libro convincervi sull'aldilà e sulla vita ultraterrena, ho citato questo esempio per il semplice fatto che fa parte del mio personale percorso di apertura mentale e mi serve per farvi capire come la programmazione sia subdola e autolimitante.

Cercate di capire dove voglio arrivare, cerco di farvi vedere che l'Ologramma che chiamiamo vita (terrestre) è continuamente limitata e tenuta a freno da convinzioni che non ci appartengono in nessun modo, noi non siamo quelle convinzioni, non siamo il lavoro che abbiamo (o che non abbiamo) e non siamo neanche le nostre passate esperienze, si dice spesso che il dolore rafforza le persone, per la mia esperienza invece, il dolore causa solo risentimento e tristezza e non fa bene a nessuno, per imparare davvero dal passato dovremmo innanzitutto sapere di preciso chi siamo e dove siamo, e non abbiamo nessuna delle due risposte, perlomeno non sarà di certo il TG1 a dircelo statene certi.

La Legge dell'Attrazione, dunque, potente ed efficace, se siete come me, si trasformerà ben presto nella Legge della NON Attrazione, per via delle programmazioni "contro" che sono insite in noi, dunque l'obbiettivo del libro è di scovarle, portarle alla luce e disintegrarle, o quanto meno renderle innoque, per poter vivere finalmente la vita che ci meritiamo e che ci serve per poter esprimere la nostra piena spiritualità, nella ricchezza e nell'abbondanza, come del resto è destino dell'Universo stesso.

CAPITOLO 1

NON C'E' NULLA LA' FUORI

L'universo Ologramma

Il merito di film come Matrix, La tredicesima ora, l'italianissimo Nirvana di Salvatores (che adoro) e altri, è sicuramente quello di aver fatto vedere a tutti un possibile scenario in cui quello che vediamo è il solo frutto di manipolazioni sofisticate dei nostri sensi, è abbastanza semplice da capire, noi vediamo, ascoltiamo e percepiamo il mondo esclusivamente grazie ai nostri sensi, se non li avessimo non percepiremmo nulla, se poi fossero difettosi, vedremo una realtà distorta, ma quello che è a mio avviso fuorviante nel film Matrix ad esempio, è la descrizione della vita "reale" e fuori dalla Matrice, infatti è assolutamente fuori dalla nostra portata ciò che c'è dietro a questo "Ologramma" che chiamiamo vita, dal momento che se non ne facessimo più parte, non avrebbe neanche più senso e non la capiremmo neanche.

In questo specifico frangente non parlo neanche di quello che viene definita "la vita dopo la morte" in quanto a mio avviso è anch'essa una sorta di submatrix ancora collegata a questo piano di esistenza, qui parlo di ciò che c'era prima o dopo o sempre, il non tempo, un Universo che potrebbe trovarsi incastonato tra le dimensioni di Planck, tra i buchi neri, nelle leggi della Meccanica Quantistica e chissà cos'altro.

Per tornare alla Matrix, quello che intendo dire è che il nostro vero "me" è quell'altro, quello al di fuori della Matrice, qui viviamo il nostro personale Cinema, il nostro Film o Videogame, che è poi la nostra vita terrestre, a mio avviso, molto di quello che viviamo è un nostro esplicito desiderio iniziale, una sorta di voglia di sperimentare "sulla pelle" determinate cose, che solo qui, per qualche assurda ragione, siamo in grado di provare.

E' come se arrivassimo qui, con la nostra bella valigia, convinti di fare un bel viaggio, ad esempio una bella crociera sul Nilo e ci ritrovassimo poi intrappolati in una tomba faraonica.

In un certo senso è come se vivessimo un viaggio vacanza di quelli che finiscono male, a volte almeno, con l'aereo malandato che atterra di fortuna in un'isoletta sperduta e con mille peripezie una peggiore dell'altra.

Ma non dimentichiamoci mai di come stanno veramente le cose, innanzitutto siamo in vacanza e abbiamo scelto noi questo viaggio, non dobbiamo per davvero credere a tutto, come dice una bellissima frase, non bisogna prendersi troppo sul serio, che poi vuol dire anche, non credere che sia veramente reale tutto quello che vediamo intorno a noi.

Mi verrebbe da chiedere, cosa esiste la fuori, intorno a noi intendo, ebbene la risposta più probabile è che non ci sia proprio nulla intorno a noi, si lo so è scioccante, ma questo è ciò che ci dicono più o meno sia i grandi pensatori del passato che le nuove frontiere della fisica.

In pratica vivremmo in un Universo Ologramma, tutto interno a noi stessi, il "fuori" o "là fuori" non avrebbe nessun senso e non esisterebbe neanche nessuna differenza tra me, te e gli altri 7 miliardi di esseri umani, questo ricorda molto il mondo Onirico, il sogno, cosa già di per se misteriosa e incomprensibile.

In questa ottica di possibilità letteralmente infinite, ci si chiede come sia possibile credere alla miseria, alla disperazione e alla piattezza delle pallide esistenze a cui assistiamo giornalmente nelle nostre città.

Capiamolo una volta per tutte, è la nostra mente a creare tutto ciò che esiste, se pensiamo continualmente alla miseria, otterremo miseria, se pensiamo continuamente a stragi, guerre e conflitti, otterremmo sempre più stragi, morte e conflitti, ma come mai se le cose stanno davvero così, ne veniamo continuamente bombardati?

Controllo amico mio, controllo, l'unica cosa che conta per alcuni esseri.

Troppo spaventosa un umanità libera di scorrazzare dove gli pare e chi la fermerebbe più, e poi il rischio è che così, l'universo Olografico possa implodere in un battibaleno, basterebbe la sola volontà di cessarne l'esistenza.

Ma questo non è davvero necessario, il mondo è pieno di risorse e di ricchezza per tutti, siamo qui per sperimentare e vivere le esperienze terrene, possiamo vivere vite piene e prospere, basta guardarsi intorno per vederlo, il denaro e la ricchezza scorre a fiumi proprio a fianco di tutti noi, tutti i giorni, basta allungare la mano per prendere ciò che ci spetta di diritto, basta volerlo fare.

Il denaro è solo energia, come tutto il resto, non bisognerebbe caricarlo troppo di simbolismo, anche se in definitiva, qui tutto è il simbolo di qualcosa, ma il denaro, in quanto forma/pensiero molto potente, è caricato principalmente di messaggi negativi, che sono stati pensati per allontanarlo dalla gente, sopratutto in certe aree geografiche, ed è uno dei motivi per cui alcune tecniche per attrarre la ricchezza, funzionano molto bene ad esempio negli USA ma non funzionano altrettanto bene qui in Italia, paese profondamente Cattolico e dove il senso di colpa e l'associazione al denaro a qualcosa di sporco, è davvero molto presente, ed è guarda caso una convinzione molto limitante, vedremo nel corso del libro come fare in modo di debellare questi convincimenti devastanti per il nostro portafoglio e per le nostre finanze.

Basterebbe permetterci di sognare ad occhi aperti per realizzare tutto ciò che desideriamo, basterebbe smettere di trovare scuse per tutto e smettere di lamentarsi, basterebbe semplicemente lasciarsi andare e far scorrere in noi la vita.

Tutto è possibile qui, possiamo fare quello che vogliamo o quasi, perchè ostinarsi a non credere, capisco che la molla cardine per molti è la paura, la paura dell'ignoto, il terrore di dover ammettere di non aver capito nulla e di essere stati defraudati di un nostro diritto, ma davanti ad una mente chiusa ben poco si può fare, se non attendere momenti più propizi, ricordo un evento a tal proposito, che fa anche parte di quei miei particolari eventi "sincronici" e risveglianti di cui vi parlavo all'inizio del libro, che mi hanno fatto davvero pensare molto a quanto uno veda in realtà sempre e solo ciò che vuole vedere, ve lo racconto perchè è molto chiarificatore delle dinamiche di autocensura, che applichiamo continuamente a noi stessi.

Ho sempre "sofferto" ma dovrei dire "gioito" dei cosidetti "sogni premonitori" sogni molto lucidi, simili per certi versi alle OBE (viaggi astrali) che ho peraltro studiato e sperimentato personalmente, uno dei più recenti risale a pochissimi anni fa, mi ricordo che una notte mi svegliai di soprassalto e la mia ragazza si svegliò tutta preoccupata chiedendomi cosa fosse successo, a quei punti gli raccontai che avevo avuto uno dei miei sogni premonitori (di cui lei non sapeva nulla) e che non doveva spaventarsi, e le dissi però che purtroppo sapevo che nel giro di pochi giorni sarebbe arrivato un terremoto in una regione vicina alla nostra e che sarebbe stato molto pesante e ci sarebbero stati dei morti e parecchi feriti e disastri.

Ovviamente è ciò che avvenne due giorni dopo, esattamente come aveva predetto il mio sogno premonitore, ma ciò che mi sconvolse di più fu la totale apaticità della mia fidanzata nei confronti dell'evento premonitore, sembrava non esserne per nulla colpita, come se fosse tutto normale, in pratica per lei era solo un puro caso che io avessi predetto un terremoto con così tanta precisione e lei continuò tranquillamente pensando che la vita fosse un immenso orologione svizzero, esattamente quello che credevo anche io anni prima.

Vediamo solo ciò che ci permettiamo di vedere, ma a che prezzo? Non meraviglia che la maggior parte delle persone sia depressa e priva di interessi, il semplice pensiero de "lo so già" oppure "conosco già questa storia" è una specie di scatola al titanio in cui rinchiudere la nostra mente per sempre.

Non meraviglia che mai come ora siano in aumento l'abuso di alcool e droghe, piaceri di plastica, matrix su matrix, ma a quale scopo quando potremmo provare, anche senza l'ausilio di queste dannose sostante, le stesse sensazioni e anche di gran lunga migliori?

Là fuori non c'è nulla è vero, ma per noi vale come se ci fosse per davvero, dunque perchè non creare ciò che vogliamo per davvero e sopratutto perchè delegare qualcun'altro al posto nostro, è tutta una questione di responsabilità, sempre e comunque, noi c'entriamo sempre, in qualsiasi caso, anche quando sembrerebbe impossibile, anche nei casi più estremi, di violenza, di ferimento, di incidente... tutto è un simbolo quaggiù, un simbolo di qualcosa che si trova dentro di noi, nella nostra mente, anche se ci andrei piano pure con il termine "mente", visto che anche la mente è un simbolo, e visto anche che la "mente" mente, e ci mente spesso se può, noi non abbiamo la più pallida idea di cosa sia questa cosa che chiamiamo "mente", dunque ricordiamoci che la cosa migliore per attrarre ciò che desideriamo è iniziare a non dare nulla per scontato, neanche le cose più banali, questo è il "prezzo" se così si può dire, del risveglio e della comprensione dei meccanismi più reconditi dell'essere umano.

Cambia la forma, non la sostanza, il mio messaggio non è diverso da quelli di tanti altri ben più sapienti di me, la scoperta dell'acqua calda (peraltro pregevole) o l'uovo di Colombo, è tutto quello che c'è da scoprire, io in questo libro non cambio il messaggio originale, quello con la M maiuscola, cambio il modo, cerco di trovare un linguaggio che faccia breccia nelle vostre menti, cerco di scavalcare i vostri blocchi con un gergo e un modo di fare che so essere consono ai nostri tempi e al nostro meraviglioso Paese.

Leggo moltissimi libri e blog in materia di Attrazione, risveglio ecc, ma spesso vedo un semplice copia incolla, che non è un male se si copia materiale ben fatto, ma è deleterio se si copiano tecniche e strutture pensate per funzionare in determinate regioni del mondo (o di matrix?) qui bisogna fare un lavoro molto diverso dal copia e incolla, bisogna innanzi tutto sperimentare sulla propria pelle ciò che si scrive e poi adattarlo per farlo funzionare alle nostre latitudini.

Per chiarire ancora meglio il concetto, quello che voglio dire è che i blocchi che ci prefiggiamo di cancellare (sarebbe meglio dire depotenziare o convertire), sono molto diversi per cultura, etnia, religione, ecc, certo il manuale delle giovani marmotte infallibili non esiste, e mai esisterà, però permettetemi di dire che ho letto del materiale che palesemente era scritto per funzionare in paesi orientali, che sono molto, ma molto diversi da noi, ripeto, i loro blocchi non sono quelli di un Italiano o di un Genovese, potete credermi, e comunque se state leggendo questo libro sicuramente ne avrete letti molti altri prima e saprete che le cose stanno così.

In queso libro prenderò tecniche derivanti da i più disparati generi e settori della vita, meditazione, psicologia, autoipnosi, misticismo, ecc, personalmente non consiglierei mai ad un amico di fare qualcosa che non conosco, e dunque vi dico subito che tutto, ma proprio tutto quello che consiglio nel libro l'ho provato personalmente e vi posso dare la garanzia che su di me ha funzionato, dunque avete molte probabilità che la cosa possa funzionare anche su di voi, grosso modo immagino che possiamo essere persone simili, per retaggio culturale, pensiero ecc.

Potreste pensare che il focalizzarsi sulla realizzazione economica sia fuorviante, lo spirito non pensa a cose banali come le ville e gli agi, ebbene vi dirò subito che anche questo è un blocco! Io lo avevo e l'ho dovuto convertire e scavalcare, in questa vita, il denaro serve eccome, e più ce nè e meglio è, e ve lo dice uno che di fame ne ha fatta tanta e per davvero, posso dire di essere stato per molto tempo un quasi senza tetto, dunque fidatevi quando vi dico che di povertà me ne intendo, ed è per questo che vi dico che è importante avere una vita prospera, non pensate all'ossessione per il denaro, frenate i blocchi e i pensieri negativi (più ne state avendo e più sarete economicamente poveri, è matematico) lo spirito vuole per noi la felicità, desidera per noi tutto quello che vogliamo, senza limiti e freni, desidera la nostra autorealizzazione, sono solo le nostre convinzioni negative a farci credere che non sia così, è l'idea dello "sporco riccone" che ci fa credere che il denaro sia malvagio e sporco, sono solo convinzioni, sono solo blocchi e dovremmo imparare a riconoscerli e a convertirli se lo riterremo necessario, questo non vuol dire che se per voi il denaro non è per davvero importante allora lo dobbiate desiderare per forza, dico che se siete davanti a dei blocchi nei confronti della ricchezza, li dovete affrontare o loro affronteranno voi, e lo faranno statene pur certi.

Anche l'idea che si debba sudare per ottenere qualcosa è una convinzione, per nulla supportata da null'altro che dalla ripetizione costante di questa sciocchezza, è un opinione, una convinzione, ne parlerò a fondo nel prossimo capitolo, è importante capire come in realtà, ciò che chiamiamo Cultura, o bagaglio culturale, è in realtà una incredibile cozzaglia pazzesca di convinzioni, spesso contrastanti, una dice bianco, una nero, una verde, ma come ci si può meravigliare che le cose siano confuse in questo marasma, è così che si capisce come mai cambiamo idea "ogni 5 minuti" come si suol dire, e dico che lo facciamo tutti se non mettiamo alla luce determinate dinamiche automatiche che si scatenano quotidianamente in noi.

Da molti anni ormai vendo e lavoro su ebay, che trovo un sito davvero pieno di grandi opportunità per tutti, ebbene spesso mi capita di vendere per "conto terzi" ossia di mettere in vendita materiale di altri che si affidano ad un venditore ecommerce esperto, in grado di garantirgli una vendita più efficace, ebbene spessissimo ho avuto problemi proprio perchè chi mi affidava il mandato di vendita, cambiava idea letteralmente ogni 5 minuti: ora vendimi questo oggetto che non sopporto più, ora ci tengo e ci sono affezionato e me lo tengo, vendilo a 1000 euro, vendilo a 50 euro... arghh.

Ecco che cosa avviene, un vero e proprio scontro fra titani, fra convizioni contrastanti, e la cosa ancora più devastante è che spesso nessuno dei due o più convincimenti vince per sempre sull'altro, innescando così una guerra senza fine, a vita a volte, che ha come unico scopo, indovinate un pò, la totale e continua perdita di energia in pensieri incessanti e inutili, un rumorio costante di fondo, un cicaleccio frustrante e inutile, spossante e depotenziante.

State iniziando a capire di cosa parlo? Quando si parla di Meditazione, quella vera, si intende la totale assenza di "rumorio" interiore, di bla bla bla frastornante, che viene continuamente "pompato" e alimentato da tv spazzatura, discorsi inutili per strada, sul tram, in treno, bla bla, come se fosse davvero una cosa importante, ma credimi non lo è, è solo un sistema depotenziante in atto che va fermato o come vedremo nel corso del libro, diretto a nostro favore, cosa assai sagace questa amici, è infatti davvero impossibile per noi occidentali, che viviamo nelle nostre città, evitare questi automatismi, certo possiamo raggiungere l'illuminazione dopo 7 giorni in Tibet e isolati dal mondo, a meditare insieme al nostro Mestro spirituale, ma la vera sfida è sbloccarsi qui a Genova, a Milano, nel casino del 18 sbarrato stracolmo di gente incarognita, possiamo però fare in modo che il lavorio incessante, il rumore automatico di fondo, lavori per noi e non più contro di noi, impareremo come fare nel corso del libro e con le tecniche che vi spiegherò, questo libro l'ho scritto proprio per questo.

Tempo fa un mio amico, durante un lungo viaggio in macchina che facemmo insieme, mi chiese quale fosse la cosa più spirituale che avessi mai fatto, quella in cui avevo sentito di più la presenza dello spirito interiore.

Li per li rimasi basito, non mi aspettavo una domanda del genere subito dopo pranzo, e a panza piena, rimasi ammutolito per una buona mezzoretta, finchè non mi si stampò un bel sorriso in faccia, un sorriso di soddisfazione, avevo infine capito quale fosse la cosa più spirituale che avessi mai fatto fino ad allora, ed era stata l'aver smesso di fumare!

Vi potrebbe sembrare uno scherzo, ma non è così, avevo fumato ininterrottamente per più di 20 anni e alla fine, nel 2008 avevo deciso di smettere per sempre di fumare e al terzo tentativo, con immenso sforzo nel giro di un mese ce la feci, ecco, quella fu la cosa più spirituale che avessi mai fatto fino ad allora, e che mi cambiò radicalmente come persona, si può dire che il primo vero passo verso il risveglio e la comprensione avvenne in quel momento, seguitemi e capirete.

Noi siamo macchine, siamo programmi, ebbene si, tutto intorno a noi è un programma, o perlomeno qualcosa di molto simile ai comunissimi programmi di computer, anche noi, perlomeno quello che definiamo "noi", è un programmone, diciamo così, sono un insieme di programmi (idee, convinzioni, immagini, suoni ecc) che devono sottostare a sottoprogrammi e leggi interne, non mi voglio addentrare oltre, sappiate però che le cose sono grosso modo così, e sappiate inoltre che i programmi non possono in nessun modo essere bloccati, sono per antonomasia automatici e meccanici, l'unica cosa che possiamo fare è decidere o meno di accettarli, spesso ci vengono presentati come cose eccezionali che ci darano enormi gioie e soddisfazioni, ma è solo un trucco, io caddi nel "programma del fumo di sigaretta" da ragazzino, avevo circa 14 anni, e vedevo mio padre che fumava, e ci caddi in pieno, ben presto ne divenni dipendente, e iniziai a comprare il mio bel pacchetto (dose) quotidiano, così initerrottamente per più di 20 anni, finchè non decisi di smettere una volta per tutte, avvertivo un senso di disagio e di condizionamento violento nel fumare e ritenevo un mio dovere il dover smettere una volta per tutte.

Ma cosa siamo quando siamo dipendenti di qualcosa? Siamo dipendenti, come dice il termine, ossia dipendiamo, siamo salariati, anche peggio, paghiamo noi per essere schiavi a vita, ed è così per forza, è l'obbiettivo del programma, non importa quale sia il prodotto o la sostanza specifica, fumo, droga, gioco, sesso ecc, il programma è sempre uno, quello in cui tu sei lo schiavo e il programma/dipendenza il tuo padrone, il resto sono solo subrutine del medesimo programma in azione.

Ora, se le dipendenze sono dei programmi, e tutto è un programma, come lo è la fisica e la matematica ad esempio, addirittura "noi" siamo dei programmi, cosa può interrompere un programma? Niente può interrompere un programma automatico avviato, di sicuro non un altro programma, che al massimo fagociterà il programma meno forte e lo ingloberà in se stesso, è il classico caso del fumatore che smette di fumare e inizia a bere, poi smette di bere e sostituisce l'alcool con la droga, in un vortice di dipendenza senza fine.

Ma dunque è finita qui, non ci sono speranze, niente può battere le "macchine" in azione?

Solo una cosa, anzi, solo uno, il tuo Spirito, l'Essere supremo che sei, dotato di poteri inimmaginabili, dotato di vera forza di volontà (Thelema), che è poi anche l'unica che esiste, le altre sono semplici e pallide imitazioni, programmi che imitano cose vere e che quindi non funzionano, depotenziandoci ancora di più.

Avete capito ora perchè smettere di fumare è stata la cosa più spirituale che avessi mai fatto fino ad allora? Solo lo Spirito, l'unica cosa "viva" quaggiù, è in grado di prendere gli ingranaggi del meccanismo e schiantarli come fossero fatti di cartapesta, e questo è ciò che avviene ve lo posso garantire, ma c'è di meglio, una volta che lo Spirito si sveglia dal sonnellino, allora per i "programmi" sono veramente guai, uno Spirito sveglio non si riaddormenta, anzi può solo svegliarsi sempre di più, ed è per questo che dico che smettere di fumare mi ha cambiato profondamente, come mai avrei immaginato, ed inoltre adesso potrei anche correre fino in cima al Monviso senza fermarmi!

Datemi retta, decidete di interrompere immediatamente qualunque dipendenza avete in corso, e fatelo per davvero, senza sostituirla con niente, fatevi aiutare se vi serve, all'inizio può essere necessario, la forza a disposizione è poca, in realtà è quello che pensiamo che sia anche se non è vero, ma ricordate che comunque sarete solo voi a compiere il passo, il viaggio del risveglio è un viaggio che si fa da soli, capire cosa ci limita e ci blocca è un viaggio in solitaria, ma pur sempre pieno di amici e di amore tra Spiriti che si comprendono e si aiutano a vicenda.

Si innescano forze promordiali e antichi Amici ci vengono incontro, da questo punto di vista infatti non siamo mai veramente soli.

Nel prossimo capitolo vedremo come nella vita reale, si insinuano le convinzioni, cosa sono, e come mai spesso non sappiamo neanche di averle, sono loro che decidono in cosa crediamo e quello che riteniamo possibile e cosa no, sono loro che ci limitano o ci liberano, sono loro il punto di partenza per iniziare a lavorare su noi stessi, per iniziare a sbloccarci e a capire. D'ora in poi, hai finito di guardare dalla finestra la tua vita come una soap opera, ne sai già abbastanza per capire che devi agire, non ci sono più scuse e lamentele, perchè adesso ci sei dentro, ma dentro fino al collo, entra o scappa per sempre.

CAPITOLO 2

LE CONVINZIONI

Il fondo del barile non esiste

Carl Jung, diceva:

"chi guarda fuori sogna, chi guarda dentro si sveglia"

Il fuori non è altro che il non esistente, il nostro immaginario universo ologramma, mentre il dentro, siamo noi, tutto ciò che esiste, ma anche e sopratutto le nostre convinzioni, i nostri convincimenti più intimi e le nostre paure più recondite.

Cosa possono fare davvero le nostre convinzioni? Possono davvero cambiare il mondo esterno, possono davvero plasmare l'universo circostante e interiore?

Per secoli c'è stato detto, principalmente dall'istruzione scolastica e più recentemente in modo ancora più pressante da tutte le forme di comunicazioni in genere, tv, radio, giornali, cartelloni pubblicitari ecc, che i tuoi pensieri sono solo pura immaginazione e in nessun modo possono influenzare gli eventi esterni, certo c'erano evidenti segnali che stridevano in modo evidente a queste affermazionioni, ma poco importava, le cose stavano così perchè erano gli scienziati a dirlo, la materia non poteva in nessun modo essere plasmata e modificata dalla mente, dal pensiero, qualunque cosa fosse, questo sistema di pensiero proseguì imperterrito nel proprio convincimento, salvo giusto il totale menefreghismo in barba a queste teorie di aree della società particolarmente libere dai rigidi schemi mentali, come l'arte, la musica e la creatività in genere.

Ma fu proprio il fisico Albert Einstein e ciò che da lui (nonostante tutto) ne derivò, che la fisica dovette ricredersi ed accettare in fine che la materia, o per meglio dire, quello che noi chiamiamo e riteniamo materia, in realtà, nella sua "naturale forma ed esistenza" è di tipo indeterminato, ossia può essere quì e lì allo stesso tempo, bianco o nero, vivo o morto, il tutto nello stesso identico istante, anzi per essere più corretti, il tempo sembra non avere nessuna freccia e nessun significato a livello subatomico, probabilmente si svolge tutto esclusivamente nella nostra macro dimensione, probabilmente è come tutto il resto dopo tutto, come dicono gli Aborigeni da secoli, è solo il frutto della nostra mente.

Ma cosa per davvero c'entra in tutto questo il pensiero umano, cosa veramente ci dicono i fisici, si può o no cambiare la realtà esterna oppure è solo fantasia?

Ebbene sappiate che è stato provato, ormai in centinaia se non migliaia di esperimenti, che l'Osservatore (uomo o scienziato che sia) determina l'esito dell'esperimento, in pratica per renderla semplice, se c'è un essere senziente a guardare l'esperimento, questo avrà un esito, se nessuno guarda, l'esito sarà completamente differente, pazzesco, la realtà supera la fantasia!

Consiglio a tutti la lettura del libro del fisico David Lindley in merito, "La luna di Einstein", dove vengono spiegati con estrema precisione il tipo di esperimenti ed i concetti base che portano a queste incredibili e scioccanti affermazioni.

Dunque, se addirittura la fisica, ci dice che la realtà è continuamente plasmata in qualche modo dal nostro pensiero/coscienza, che cosa ci manca per fare il passo successivo nel comprendere che il nostro stato mentale condiziona pesantemente il nostro vissuto? Cerchiamo di capire che noi siamo i registi del nostro film, siamo sempre e comunque i responsabili di ciò che ci accade e badate bene dico responsabili e non colpevoli, la responsabilità infatti implica la condizione di consapevolezza del nostro operato e del nostro potere, il senso di colpa invece è solo un inutile fardello che ci carica di peso inutile e sopratutto, guarda caso, ci depotenzia.

Ma queste benedette convinzioni, che così tanto ci condizionano da dove vengono, chi le ha create e perchè, a cosa mirano per davvero, e sopratutto come possiamo cambiarle e plasmarle a nostro piacimento?

Bhè sappiate che per rispondere a queste domande, ho deciso di scrivere un intero libro sull'argomento, "La Legge della NON Attrazione", che state leggendo, è proprio un libro sulle convinzioni, sulle "invincibili affermazioni" che costantemente facciamo su noi stessi e sul nostro mondo circostante, che volente o nolente, che consapevolmente o meno, ci fanno fare ciò che vogliono, e intendo dire letteralmente ciò che vogliono loro, senza se e ma, tu sei lo schiavo e devi ubbidire al tuo padrone, ubbidire alle regole che ti sono state insegnate e non devi sgarrare mai, questo è il potere delle convinzioni che abbiamo e che ripeto, agiscono sempre e comunque, sia che lo sappiamo e sia che ne siamo totalmente ignari, daltronde ricordiamolo, sono programmi, macchine automatiche infallibili, il cui unico scopo è quello di dirigerci dove vogliono loro, spesso poi la direzione cambia durante il percorso, anche più volte, senza nessuna logica se non quella come sempre di farci sprecare immense risorse ed energie, che potremmo invece utilizzare per la nostra autorealizzazione e per i nostri scopi più profondi.

La cosa più devastante è proprio il fatto che agiscono sempre e comunque, tralaltro il "programma convinzioni" non è neanche davvero evoluto e ben fatto come sarebbe opportuno che fosse, mi spiego meglio, le convinzioni, sono legate indissolubilmente alla memoria o meglio alle "memorie" che abbiamo, spessissimo legate ad avvenimenti della nostra infanzia o adolescenza, per antonomasia molto modellanti su di noi dunque, sopratutto in virtù del fatto che avvengono in un periodo in cui siamo estremanente fragili psicologicamente e in una nostra fase di primissima esplorazione del mondo circostante, ma le "memorie" legate alle convinzioni, sono purtroppo anche di tipo "grossolano", ossia, basta semplicemente un qualcosa che ricordi vagamente quell'evento (spesso traumatico) infantile, per scatenare una serie di associazioni e accostamenti spesso del tutto privi di senso e fuorvianti, dunque il quadro inizia adesso a svelarsi in tutta la sua complessità, capirete che basta un evento scatenante riguardante un qualsiasi avvenimento a condizionare negativamente la nostra vita, inoltre per via delle associazioni libere mentali, che il nostro cervello usa di continuo e senza freno, veniamo costantemente sviati e convinti di cose che come minimo esistono in modo diverso da quello che crediamo, spesso poi non esistono proprio!

Vi farò un esempio pratico, immaginate che un giorno della vostra infanzia siate andati al mare con vostra madre, quel giorno c'era il mare mosso e vostra madre, proprio nel momento in cui voi vi tuffavate in acqua, si fosse distratta dal futile colloquio con una sua amica, voi oltre a subire lo shock del rimanere quasi annegati (shock reale) leghereste l'evento anche ad una sorta di "menefreghismo materno" nei vostri confronti (del tutto immotivato), ma la cosa più assurda e fuorviante è che magari 30 anni dopo, potreste ritrovarvi in spiaggia con la vostra attuale ragazza che casualmente sta al telefono con la sua amica per delle ore e voi, in modo subdolo ed inconscio, senza che voi ne siate in nessun modo consapevoli, potreste rivivere il vostro antico trauma infantile, che pensate superato e dimenticato, potrebbe capitarvi così di avvertire un senso di malessere e di tristezza, senza saperne la provenienza, la vostra mente (che spesso vi mente, come vi dissi prima) potrebbe farvi credere che la colpa di questo malessere potrebbe essere dovuto alla vostra ragazza, che passa tutto il tempo al telefono e che non vi considera, lei "letteralmente se ne frega di voi", potrebbe pensare una parte inconscia della vostra mente.

Questo è il modo in cui le nostre memorie funzionano, lavorano per similitudine e per libere associazioni, se non siamo in grado di gestire questo "programma" ci rovinerà sicuramente la vita in molte occasioni.

Siamo tutti continuamente vittime inconsapevoli delle nostre memorie, che ci giocano davvero dei brutti scherzi, la nostra mente non sà tacere, non sa smettere di equiparare, di confrontare e giudicare costantemente tutto ciò che vede, sente o tocca, questo non sarebbe un male di per se ed è una funzione antica di sopravvivenza, ma il danno deriva dal fatto, che come sempre, non abbiamo nessun controllo su questo fenomeno, non possiamo imporci di spegnere il programma per una sola ora o per un mese, è impossibile per chiunque, e come spiegato in precedenza, qui il tempo non conta, è come compresso e reagiremo esattamente con la stessa psicologia dell'evento scatenante iniziale, molto spesso mentre eravamo dei bambini o addirittua dei neonati, con le paure e la struttura psicologica in formazione, dunque reagiremo in pratica in modo come minimo sconclusionato, senza senso e spessissimo in modo esagerato, inoltre vedremo esclusivamente determinate cose e non ne vedremo altre, insomma, questo è un ottimo sistema per prendere una sonora cantonata e questo ci capita continuamente, tutti i giorni, senza che neanche ne siamo consapevoli.

Che scherzo devastante, è inutile dire che quella giornata al mare con la nostra ragazza verrebbe letteralmente devastata da questo evento, ma cosa l'ha rovinata in definitiva? L'ha rovinata il nostro programma automatico di associazione, che 24 ore su 24, 7 giorni su 7 è in funzione nella nostra mente, qui due programmi si uniscono per giunta a rovinarci la giornata, le libere associazioni mentali, che associano fatti che solo lontanamente si assomigliano, e che vengono così caricati dell'emotività iniziale (infantile in questo caso) e il convincimento che questo pensiero/malessere, siamo "noi", ci appartenga per davvero, è così, viene da dentro di noi e quindi è reale è nostro, "sono io", ovviamente anche questa è una convinzione, erronea e davvero devastante.

Dunque iniziamo col capire che i nostri convicimenti non "sono noi" sono solo pensieri e "opinioni" che spesso non sappiamo neanche di avere, potremmo addirittura averne di contrastanti dentro di noi, ve ne cito alcuni dei più comuni:

sono bello, sono brutto, sono uno che piace alla gente, la gente mi odia.. e così avanti all'infinito senza un senso e senza nè capo e nè coda.

Essere davvero ed intimamente convinti di una cosa, la rende immediatamente reale, ve lo posso garantire, lo vedo continuamente, anche col mio lavoro di venditore ecommerce, dove è molto facile per chiunque mettersi alla prova, spesso infatti mi capita di vendere materiale per conto terzi, e il fatto di credere o meno nel prodotto che vendo fa la differenza, ma in modo sostanziale, non per scherzo, e vi garantisco che le tecniche di vendita sono sempre le stesse in tutti i casi, mi ricordo ad esempio che nel 2012 venni contattato da un artigiano, come ne abbiamo di tanti e bravissimi in Italia, che mi propose di vendere i suoi prodotti artistici in tutto il mondo tramite ebay, cosa che richiedeva un buon account professionale con molti feedback, su ebay infatti i venditori più grandi hanno anche molti feedback, che sono commenti pubblici a dimostrazione del proprio valore e della propria serietà nel tempo, dunque vidi il materiale e un pò titubante decisi di metterlo in vendita con il mio account ebay professionale, ma in realtà dentro di me ero profondamente convinto che per quanto fossero delle splendide opere, nessuno avrebbe mai comprato le sue particolari maschere e alle cifre che richiedeva il mio produttore, gli e lo spiegai ma lui non volle abbassare in nessun modo il prezzo e immancabilmente la campagna di vendita fu un totale flop.

Voi potreste dirmi che in realtà qui le mie convinzioni di venditore contano poco, in realtà è il bagaglio di anni di esperienze che hanno fatto si di suggerirmi l'idea che la cifra era troppo alta per il prodotto in vendita, ma vi dico subito che le cose non stavano così e per due motivi, il primo è che nello stesso periodo, lui riuscì a vendere tramite il suo sito personale delle maschere alla cifra che voleva (per forza lui la riteneva una cifra equa, io no!) e io invece non ne vendetti neanche una, inoltre il settore artistico era all'epoca per me del tutto sconosciuto, senza contare che i suoi prodotti erano del tutto unici e non avevano niente a che vedere con le normali maschere che si vedono in giro.

Mi sembra chiaro che in un modo o nell'altro, a voce, per telefono o tramite internet o piccione viaggiatore che sia, passa sempre e comunque il messaggio reale, potremmo definirlo il submessaggio, che dice al cliente ciò che realmente si cela nei pensieri di chi vende, certo mi direte, allora nessuno prenderebbe mai più neanche un bidone in tutta la sua vita se le cose stessero così, ma non dimentichiamoci però che la maggior parte delle persone non si fida del proprio istinto e spesso neanche sà di averne uno, dunque è tutto spiegato il come mai certi messaggi non sempre arrivino a destinazione, ma vi garantiscono che sono sempre presenti e che basta aguzzare gli occhi come si suol dire.

Finora ho citato esempi di convinzioni negative e depotenzianti, solo per farvi capire quanto possono essere dannose e perchè, per come siamo programmati, ci è più facile credere una qualsiasi cosa in negativo, (altra convinzione) piuttosto che in positivo, è assurdo ma tendiamo più a credere un evento che ha un esito negativo piuttosto che uno con esito positivo, nonostante magari quello negativo sia palesemente improbabile!

Non ci dobbiamo meravigliare, anche questa è una convinzione indotta, basta guardare lo sfacelo delle notizie dei TG, i film con trame e storie da film horror (senza essere del genere) ecc, guardiamo le stragi e i fatti di sangue, come chi, anestetizzato da anni di notizie shock, non sente più niente e dunque ha bisogno di sempre più violenza per reagire, sempre più pessimismo e devastazione, in un vortice senza senso.

Ma l'emozione della notizia di un cane che ritrova il suo padrone dopo chilometri e giorni di girovagare ci fa ancora emozionare, e forse anche più di prima a dimostrazione della potenza immensamente superiore della forza attrattiva e positiva, anche se il mio pensiero abbraccia l'esistenza di tutte le forme/pensiero e dunque un universo fatto di sola energia positiva non potrebbe esistere in questa parte dell'universo ologramma di cui facciamo parte, ne parlerò in modo più approfondito nei prossimi capitoli.

Non possiamo controllare tutto questo, ripeto, o decidiamo di trasferirci in Tibet o non possiamo in nessun modo controllare tutto questo fiume di "opinioni" e convinzioni", statene certi praticamente tutte negative, l'unica scelta saggia da fare è quella di vigilare e di capire come e cosa si insinua in noi e di modellarlo a nostro favore, per i nostri scopi e per i nostri obiettivi, esistono tecniche molto efficaci per farlo, il nostro lavoro è quello di capire quale è il sistema di comunicazione per noi più efficace, spesso è consigliabile usare più tecniche insieme per aumentare l'efficacia dell'azione.

Personalmente ho studiato tecniche di PNL, autoiposi, meditazione di vario tipo, traning autogeno (molto valido per controllare l'ansia) e anche antichi rituali esoterici di vario tipo e alla fine ho capito come anche qui il messaggio sia sempre e solo uno, e che sono solo i modi e le modalità di approccio a cambiare, come daltronde è giusto che sia, in realtà dovrebbero esistere 7 miliardi di tecniche al mondo, in quanto siamo tutti leggermente diversi l'uno dall'altro, chiarisco questo punto perchè spesso alcuni provano una tecnica e vedendo che non funziona lasciano perdere tutto il discorso, senza capire che è solo una questione di capire come comunicare efficacemente con se stessi, e di avere un pò di pazienza affinchè ci si dia il tempo di concretizzare sul piano materiale i nostri desideri.

E' molto simile al lavoro che si fa in palestra allenandosi, o all'approccio di imparare uno strumento musicale per la prima volta, ma anche qui le cose saranno sempre più facili man mano che capirete come funziona e man mano che diventerete più esperti.

Nel 2002 persi tutto in un sol colpo, lavoro, fidanzata e casa, era finita per me pensavo, dovevo immediatamente far qualcosa o sarebbero stati guai seri, in banca avevo 200 euro ed era tutto quello che avevo nella vita e non potevo contare sull'aiuto di nessuno, era davvero una brutta situazione, ma avendo già iniziato da tempo un percorso di introspezione, sapevo che quella situazione era un simbolo, quella situazione esterna era l'esternalizzazione di un malessere interiore che covava già dentro di me da molto tempo, ma c'era anche dell'altro, le mie antiche convinzioni che il denaro era sporco, che il desiderio di arricchirmi era una cosa sbagliata, bloccavano definitivamente tutte le possibilità per uscirne e per ottenere ciò che desideravo e meritavo. Lessi qualunque cosa potesse aiutarmi, seguii conferenze (gratuite o poco costose) mi informai con qualunque mezzo avessi a disposizione ed iniziai a capire che il mio problema erano davvero i blocchi che avevo, e che facevano si che la ricchezza e la prosperità scappasse a gambe levate da me, io consciamente mi dicevo che volevo un lavoro, che volevo tanti soldi, che volevo una bella casa, ma dentro di me c'era scritto dell'altro, indovinate un pò, c'era scritto proprio l'esatto opposto! E se dentro di te c'è scritto che non vuoi la ricchezza perchè i "ricchi sono esseri spilorci e approfittatori", se pensi che possedere una bella casa sia "fuori dalla tua portata economica", questo è esattamente ciò che otterrai, con una forza a tuo sfavore di 100 a 1! Non hai nessuna speranza, conta quello che hai scritto dentro, contano le tue convinzioni intime su quel dato argomento e se vuoi spuntarla devi innanzitutto sapere con precisione cosa hai scritto dentro, devi guardarti dentro e vi garantisco che spesso si rimane stupiti da ciò che si vede venir fuori.

Ma dunque questo processo sembrerebbe macchinoso e difficile, figuriamoci mettersi a fare un percorso di autopulizia magari mentre sei senza lavoro, senza soldi e senza aiuti concreti, proprio come lo ero io allora, e dunque, vi dirò subito che anche pensare che serva fatica, tanto tempo e sforzi inauditi è una convinzione, errata per giunta!

Più avanti nel libro vi spiegherò le tecniche che ho usato, e come nel giro di 3 mesi mi ritrovassi 10.000 euro nel conto e con un alloggio gratuito, con luce e gas gratuiti per giunta, e tutto senza aver fatto nulla di illegale o di sbagliato, semplicemente mi ero aperto alla vita, e alla prosperità, perchè vi ricordo che il denaro è li fuori e ce nè a fiumi, ce nè per tutti, così come qualunque risorsa desideriamo, l'Universo vuole per noi il meglio, dobbiamo solo permetterci di riceverlo, lo so penserete che sono impazzito, ma vi garantisco che le cose stanno esattamente così, molla gli ormeggi, come diciamo a Genova, lasciati andare, guarda le tue convinzioni e se cozzano con ciò che desideri, cambiale, senza sforzo, mutale, plasmale a tuo piacimento e falle lavorare per te, vedremo nel corso del libro, come la nostra mente sia fenomenale nell'attrarre a se ciò su cui maggiormente si concentra, sta a noi indicargli su cosa rimanere focalizzata, e bada bene qualcuno si deve prendere questa responsabilità, altrimenti lo farà per forza di cose un altro al posto tuo, chi desideri che governi la tua vita, uno sconosciuto o te?

Responsabilità, è sempre una questione di responsabilità, non mi interessa di chi è la colpa, mi interessa solo che le cose cambino in mio favore, in tuo favore, mi interessano i risultati non i pronostici.

Mi ricordo qualche estate fa che ero al mare, in una spiaggia del Levante Ligure, ebbene questa spiaggietta aveva le docce tipo quelle delle palestre, in muratura e dunque era possibile che uno fosse sotto la doccia senza essere visto in nessun modo, vi racconto questo perchè grazie a questa particolare forma delle docce, mi ritrovai a spalmarmi una crema idratante subito dopo la doccia, e nel mentre senza essere visto o udito, arrivarono due ragazze, che iniziarono a parlare tra di loro senza freni, visto che pensavano di essere sole, ebbene i loro discorsi vertevano tutte sul fatto che non riuscivano in nessun modo a batter chiodo, si avete capito bene, non riuscivano a trovare un fidanzato, una delle due poi in particolar modo si lamentava dicendo che mai come in quel periodo era stata così snobata dagli uomini e che nessuno se la filava proprio e lei era sempre più depressa e sconsolata, io sentendo solo la voce pensai che dovessero essere due tipe piuttosto bruttarelle, come minimo, insomma dai quale ragazza potrebbe avere dei problemi del genere se non una cozza clamorosa!

Ebbene con mia grande meraviglia, quando se ne andarono e le potei finalmente vedere, mi resi conto che erano due ragazze stupende, bellissime, e non scherzo, alte, con un bellissimo fisico, capelli lunghi e curati, insomma ma come era possibile che due ragazze così belle, due ragazze che qualunque uomo avrebbero fatto carte false per poterci uscire insieme, avessero dei problemi a trovare un compagno?

Bhè la risposta è semplice, convinzioni, come sempre, blocchi e convinzioni, ti possono incastrare in un angolo e renderti inerme come un mollusco, spesso ti fanno commettere errori clamorosi senza che neanche tu sospetti nulla, perchè deformano la tua realtà circostante, non c'è niente di peggio di un opinione negativa a frenare le energie che invece ti servirebbero per ottenere proprio ciò che desideri, se ti focalizzi sulla mancanza di una cosa (di uomini nel caso delle due bellone) otterrai proprio la ...mancanza!

Capite cosa intendo dire, la portata di questo esempio è enormemente chiarificatore, non è quando otteniamo ciò che desideriamo, un partner o una casa o del denaro, che è eccezionale, ma è quando non lo otteniamo, è quando siamo in blocco che si verifica un evento eccezionale e contro natura, qui intendo dire eccezionale in senso negativo ovviamente, ritornate all'esempio delle due ragazze bellone, quando è che stavano compiendo qualcosa di eccezionale, quando erano senza un partner o quando lo avevano finalmente trovato? L'Universo tramava per la loro soddisfazione o per la loro clausura forzata, permettemi il termine? E' questo che intendo dire quando affermo che l'Universo vuole per noi la prosperità e la nostra soddisfazione sempre e comunque, attrarre ricchezza è per noi una condizione "normalissima" c'è pieno di denaro e di ricchezza nel mondo, sopratutto in questa parte di emisfero, l'"opinione" che il mondo abbia risorse limitate (anche energetiche) è semplicemente ridicola, e nonostante sia così stupida e incredibile è sempre più presente nei nostri media, un costante martello mediatico costruito esclusivamente per convincerci che il mondo finirà presto tutte le proprie risorse e che gli "uomini" sono dei gran cattivoni e che si approfittano del prossimo e della natura, affermazioni totalmente prive di un senso, in ogni ambito in cui questa logica va a cozzare.

Lo so, ti fischieranno le orecchie, ma il rispetto della Natura, non ha nulla a che vedere con l'aumento della temperatura terrestre, che in realtà è dovuta a cicli solari secolari e millenari, imbottire di senso di colpa le persone comuni perchè inquinano il pianeta è ridicolo, chi inquina per davvero deve essere punito e finire in galera e sono quasi sempre multinazionali dei cosmetici, farmaceutiche, ecc, di sicuro non io o te, spendere miliardi di euro in film catastrofici o pseudo documentari scientifici, al solo scopo di convincere le persone che il pianeta è ormai privo di risorse e sul lastrico è un ottimo modo per instillare l'ennesimo nuovo senso di colpa nelle persone, forse perchè i vecchi sensi di colpa non funzionano più a dovere e bisogna alimentare il "programma senso di colpa" prima che scompaia del tutto.

Il rispetto per la natura deve essere sempre presente e questo è per noi umani essenziale, visto che siamo noi stessi la natura, e non un qualcosa di esterno come la frase sopracitata vorrebbe far credere, e attenzione noi siamo la natura sia che lo vogliamo e sia che non lo vogliamo, lo siamo punto e basta, un uomo non è mai in nessun modo contronatura, è impossibile, è il contenitore stesso a delimitare il nostro comportamento (il legame indissolubile natura/terra/uomo), tutto ciò che avviene quaggiù è naturale, così come del resto non esistono altro che prodotti naturali e sostanze naturali e non potrebbe essere altro che così, inoltre le risorse totali del pianeta/natura/universo sono in una scala talmente enorme e prospera che neanche siamo in grado di calcolarla con precisione, siamo letteralmente circondati da opulenza e ricchezza incredibili, parlare di miseria e di crisi economica/energetica è semplicemente ridicolo, sappiatelo e iniziate a smettere di credere alle stupidaggini che costantemente ci vengono propinate come oro colato.

Conoscendo questi meccanismi, che sono uguali in tutti noi, nessuno escluso, perchè fanno parte del mega programmone "uomo" "matrix" di cui facciamo parte, possiamo imparare a plasmare i nostri convincimenti e le nostre opinioni in modo semplice ed efficace ed in tempi brevi, cosa fondamentale questa, anche dal punto di vista energetico, infatti nessuno può permettersi di aspettare decenni di analisi per sbloccarsi da problemi assillanti come la carenza di denaro o la mancanza di una relazione amorosa soddisfacente.

Siamo esseri immortali è vero, ma in qualità di viaggiatori su questa terra e con questa particolare conformazione, il nostro tempo è limitato e non possiamo sprecarlo in nessun modo con azioni o tecniche blande e inefficaci.

Spesso ho sentito dire la fatidica frase: *"raschiare il fondo del barile"*, intendendo una persona che *"aveva toccato il fondo"*, che era *"caduta davvero in basso"*, è opinione diffusa, che arrivi un momento in cui si tocca il fondo del barile, se le cose ti vanno per davvero storte, in pratica si sostiene che si arrivi per forza ad un punto in cui non puoi più sprofondare oltre, per quello che è la mia esperienza invece, devo dire che il fondo del barile non esiste proprio, in pratica si può cadere giù in verticale per una vita intera, e infatti è ciò che accade a persone davvero sfortunate e che sono ormai molto distanti dalla presa di coscienza.

Questa convinzione è molto devastante, infatti alcuni, nell'attesa proprio di palpare il fondale, si lasciano andare senza freno, cosa questa molto deleteria da tutti i punti di vista, certo io per la mia esperienza, parlo sempre di argomenti piuttosto seri e quando parlo di toccare il fondo intendo parlare di persone davvero ai bordi dell'esistenza e che stanno molto male, e come sempre, essendo tutto il simbolo di qualcosa quaggiù, quando sei alla deriva, quello è il messaggio di un disagio profondo interiore, che va risolto, che va identificato e risolto, se fai finta di niente, qualcuno prenderà il timone della nave al posto tuo, e spesso in questo caso la prua punterà dritta verso il fondale, solo che qui il fondale non esiste e prima di risvegliarti potresti scoprire di aver fatto molto male a te stesso e a chi ti sta intorno.

Ad ogni modo comunque, alcuni di noi, hanno anche bisogno di questo in alcuni periodi della loro vita e in un qualche modo hanno deciso, proprio perchè ne hanno bisogno, che quello è il loro viaggio quaggiù, anche se spesso e volentieri, una vita di autodistruzione delinea solo una visione non corretta della realtà, e comunque è pur sempre la visione di una persona che ha interpretato in modo inconscio la propria realtà e che sostanzialmente è stato in qualche modo traumatizzato e vede tutti gli eventi e le persone che gli capitano con la lente dell'evento scatenante, che come ho già chiarito prima, distorce la realtà e ci fa vedere cose che non esistono e spesso ci occulta ciò che invece c'è.

Guardate ora la foto che vi propongo più avanti, potreste averla già vista dato che è circolata parecchio su internet ultimanente, ho deciso di usarla perchè è la prova più chiara e semplice di come siamo indotti costantemente a vedere ciò che siamo stati programmati a vedere e a ignorare sistematicamente ciò che riteniamo (a torto) superfluo e scontato, questo è ciò che ci capita continuamente e ciò che la nostra mente 24 ore su 24 fa, noi prendiamo spesso e volentieri decisioni su fatti e avvenimenti che non vediamo nella loro interezza e nei loro particolari, non stupisce perciò che in questo contesto spesso il risultato che otteniamo sia il fallimento, ma ciò è dovuto a meccanismi e a programmazioni che abbiamo e non al fatto che questo sia ciò che meritiamo, vi ricordo e ripeto ancora che l'Universo desidera la nostra realizzazione e la nostra totale felicità, è solo che viene spesso sviata e indirizzata in modo errato o da altri esseri che non hanno in nessun modo l'obbiettivo della nostra realizzazione, ma che anzi lavorano per l'ottenimento del nostro insuccesso, in ultima analisi, ad un livello ancora più profodo è utile capire che non esiste nessuno di esterno a noi che lavora contro di noi, siamo sempre noi stessi o meglio, sono parti di noi stessi, che si mettono di traverso per così dire, e che ci ostacolano in tutti i modi.

Dunque ora analizzate a fondo la foto che vedete e guardate se trovate qualche anomalia, oppure se è tutto a posto, vi dico subito che è molto difficile vedere qualcosa che non va nella foto e spesso anche dopo un attenta analisi in molti non vedono nulla di strano, più lavorano le vostre convinzioni e meno avrete gli occhi aperti per vedere la realtà, qualunque cosa sia ovviamente.

Come alcuni di voi avranno notato, la ragazza in foto presenta un inquietante anomalia, infatti ha non 5 ma bensì 6 dita!

Oltre ad essere stato ingannato l'occhio, in questo caso, è stata proprio la mente in toto ad essere stata ingannata, non è semplicemente un trucco prospettico alla Escher, ma un bello scherzo che le nostre convinzioni ci fanno, infatti escludiamo in modo automatico tutto quello che diamo per scontato ed acquisito, come ad esempio il fatto che la ragazza in foto avrà sicuramente 5 dita nella mano, ma come spesso capita, la realtà è ben diversa da quello che le nostre convinzioni automatiche ci vogliono far credere, non meraviglia dunque che spesso arriviamo a conclusioni errate e non ha molta importanza se lo facciamo in "buona fede" o meno.

Il lavoro sulle nostre convinzioni, non è solo un lavoro introspettivo, per pochi eletti, è un lavoro che in un certo qual modo dobbiamo a noi stessi, ed è davvero doveroso farlo, tutti abbiamo da guadagnarci in un azione di questa portata, tutti saremmo sicuramente delle persone più equilibrate e felici se lo facessimo.

Un qualcosa che si comporta in modo simile alle convinzioni e che ha medesimi risultati, depotenzianti, sono le cosidette "scusanti", le continue lamentele e le innumerevoli "balle" che ci raccontiamo costantemente per darci il perfetto alibi per i nostri fallimenti. Noi falliamo perchè abbiamo convinzioni errate e non allineate con la realtà, le scuse che ci inventiamo (il nostro ego ne sforna di continuo per qualunque cosa) sono l'alibi e sopratutto, va capito, il velo che il nostro ego ci mette d'innanzi per non farci vedere che ciò che crediamo di sapere è in realtà una cozzaglia di baggianate.

Ma se lo facessimo, inizieremmo a svegliarci dal lungo sonno e questo il nostro ego non lo desidera affatto, anzi, dunque sforna "balle" a ripetizione, senza sosta, sotto vi elenco una serie di scuse che continuamente sforniamo e sentiamo in giro:

non ho passato quell'esame perchè la notte prima non ho dormito, ho provato a frenare ma il freno non ha funzionato, ho lasciato perdere perchè non mi interessava più ecc

Chiaramente quelle riportate qui sono "formule" classiche di scusanti che il nostro ego ci propina e non vanno prese alla lettera, quello da capire è che il lavoro in tandem, delle nostre convinzioni insieme alle scusanti, ovviamente un altro programma anch'esso, fanno si che noi rimaniamo bloccati e inermi nella stessa posizione per anni, a volte anche per sempre, è uno degli obiettivi ultimi del nostro ego, non cambiare nulla, riempirci di paure infondate e di immagini negative, per poter far si che nulla cambi mai, inutile dire che è enormenete devastante per il nostro spirito, che ha invece bisogno di "uscire" sperimentare e vivere esperienze, inventando scuse e lamentele di continuo, e assecondando le nostre convinzioni negative, non facciamo altro che uccidere lentamente il nostro spirito, la parte più pura e "alta" di noi stessi, non meraviglia che dopo qualche anno di questo trattamento sembriamo invecchiati di decenni, spossati e depressi, senza più energie, e c'è anche di peggio, si rischiano infatti anche malattie serie, che sono sempre e comunque di origine mentale ed emotiva.

Smettere di lamentarsi e di trovare scuse per tutto, è un inizio davvero grandioso per risvegliarci e per attirare ciò che desideriamo, leviamo al nostro ego l'arma più affilata e subdola, siamo noi a depotenziare lui e non viceversa come capita sempre.

Già dal prossimo capitolo vedremo come riuscirci in modo naturale e semplice, vedremo inoltre come le convinzioni e le scusanti, ci imprigionano in "tempi" che non sono quelli davvero importanti per noi, se ci lamentiamo siamo infatti imprigionati nel passato o nel futuro, ma guarda caso, non siamo mai focalizzati nel presente, che è come vedremo tra poco, l'unico "tempo" che esiste e che conta per noi, focalizzarci nel qui e ora è l'arma totale per ottenere ciò che desideriamo, ci rende persone vive, ci accende, avete notato come le persone non sono mai presenti a noi e a loro stessi quando ci parlano o le abbiamo semplicemente di fronte? Questo inquietante fenomeno, reso comune da atteggiamenti simili di massa, è un modo per far sì che le persone siano sempre da "qualche altra parte", lasciando così campo libero agli automatismi, che diciamocelo, sono ottimi se dobbiamo guidare un auto, ma sono devastanti se gli lasciamo amministrare la nostra relazione o i nostri desideri più intimi.

Negli ultimi anni poi si è aggiunto un ulteriore fenomeno inquietante, che aliena ulteriormente le persone, e le teletrasporta letteralmente in altri posti, mentre fisicamente sono davanti a noi, e questo fenomeno si chiama telefonino, oggettino molto comodo e che uso, ma attenzione a non farsi letteralmente assorbire da queste tecnologie, cerchiamo di rimanere presenti a noi stessi e nel presente, invece di camminare per strada senza neanche guardare dove mettiamo i piedi perchè siamo in chat con i nostri amici.

CAPITOLO 3

IL QUI E ORA

Vivere nel Presente

Uno dei passi fondamentali, anche solo che per vivere meglio, è quello di smettere di lamentarsi e di fare la vittima, è una vera missione all'inizio, tutto intorno a noi ci spinge all'incessante lamento, per qualunque cosa, anche la più banale, figuriamoci quando la vita ci pone davanti sfide davvero ostiche, che ricordo, sono sempre e comunque innescate da noi, anche se ad un livello inconscio.

Questi due punti, lo smettere di lamentarsi e lo smettere di fare la vittima è importantissimo, è il primo vero passo verso un radicale cambiamento interno e dunque esterno, che farà miracoli.

Come sempre amo parlare di cose "reali" e che mi sono accadute, narro di cose che ho sperimentato direttamente sulla mia pelle, dunque, almeno in un caso hanno sicuramente funzionato, citerò dunque il mio personale "vittimismo" e le mie lamentele più consuete, un vero mantra, spesso inconscio, che hanno modellato la mia esistenza in modo negativo, fino alla mia presa di coscienza.

Anche questo punto è fondamentale da capire, che tu ci creda o meno, che tu ne sia consapevole o meno, questi "programmi" o automatismi, agiranno sempre e comunque, e come vedremo più avanti è del tutto inutile all'inizio affrontarli per cercare di distruggerli, in quanto essi sono molto più forti di voi all'inizio del percorso, dunque bisogna innanzitutto ricornoscerli e poi "modificarli" o plasmarli a nostro piacimento, sovrapponendoli a nostri personali "programmi" e convincimenti positivi, che invece di daneggiarci ci aiuteranno enormemente nella realizzazione dei nostri desideri.

Una delle più incredibili "vocine negative" o convincimento decisamente negativo che possedevo (in realtà che mi possedevano), senza esserne consapevole al 100%, era il fatto di pensare spesso al fatto che ero malato e in fin di vita, che avevo una malattia fulminante e che sarei morto di lì a poco, l'infondatezza di tale convincimento era dimostrata dal fatto che pensavo questa cosa da oltre 30 anni, decisamente troppi per essere davvero in fin di vita, ma analizzando a fondo la cosa, mi resi conto che questo logorio contuinuo e semicosciente, mi aveva limitato nella vita peggio di una sedia a rotelle, dovevo debellarlo e sostituirlo con pensieri potenzianti e positivi, come primo lavoro e poi, capire le origini del fenomeno, capire come mai avevo creato quel pensiero e perchè, cosa mi permetteva di fare e cosa mi costringeva a rinunciare, ecco il lavoro liberatorio all'opera, ricordate che il semplice fatto di portare alla coscienza un convincimento negativo, ne depotenzia l'effetto di molto e ciò avviene in modo istantaneo, bisogna poi tenere la mente aperta e ricettiva in modo da riconoscere immediatamente sul nascere lo scatenarsi del pensiero e sostituirlo subito col pensiero positivo speculare, io ho adottato la tecnica che illustro sotto, è estremamente efficace per demolire e depotenziare e sopratutto per usare l'energia sprecata ad alimentare questi pensieri, in modo positivo, la tecnica che ho usato, dopo averne provate molte, ma con scarsi benefici, è la "Tearapia Cognitiva", imparare ad usarla è molto semplice e si può usare sempre e cosa fondamentale non richiede l'intervento di un costoso terapeuta, almeno che non siate a livelli davvero eclatanti.

La Terapia Cognitiva

La Terapia Cognitiva, consiste nell'analizzare un punto specifico di noi, come ad esempio il mio pensiero di essere gravemente malato, e di portarlo alla luce ed analizzarlo nel segente modo:

prendete un foglio di carta e dividetelo in 3 colonne, a sinistra scriverete il pensiero negativo limitante, al centro scriverete le prove a favore della veridicità del pensiero e a destra scriverete le prove a sfavore della veridicità del pensiero

In pratica il lavoro è quello di capire quanto è vero ciò che crediamo, al di là degli anni in cui abbiamo passato ad alimentare questi pensieri, vedrete con i vostri occhi, come siano assurde le motivazioni e i convincimenti che stanno alla base di tutti i pensieri negativi, sarà perciò molto facile ora riconoscerli e trasformarli immediatamente appena appaiono in pensieri positivi, con la seguente formula, applicata ad esempio al mio caso specifico citato sopra :

Io ti riconosco, sei il pensiero negativo A (così ho nominato il mio pensiero negativo sulla mia falsa malattia), ti ho riconosciuto,

Io sono sano come un pesce, sono forte e in piena salute.

Ogni volta che si ripresenta il pensiero negativo, e ormai dovreste essere degli esperti nel vederlo all'opera, è fondamentale ripetere a "macchinetta" la frase sopra, è in realtà, come avrete già capito, un altro programma che si va a sostituire a quello ormai riconosciuto obsoleto e che ci daneggia.

All'inizio lo ripeterete senza crederci troppo, ma vedrete che dopo qualche giorno la forza del pensiero Positivo A, sostituirà la forza del pensiero Negativo A, è inevitabile e funziona sempre al 100% potete fidarvi, ma dovete persistere e non cedere mai e questo lo potete fare solo se avete capito davvero quello che state facendo e perchè, è il più grande dono che potete farvi ed è anche la formula della ricchezza, la gallina dalle uova d'oro, il tocco di re Mida, il programma dei programmi, gli automatismi non sono sbagliati in assoluto, anzi, ci aiutano spessissimo e hanno fatto di noi ciò che siamo, ma dobbiamo imparare ad usarli a nostro vantaggio, a riconoscerli e ad usarli per noi stessi, per la nostra realizzazione, dapprima materiale per poi evolverli verso la liberazione spirituale.

Chi guarda i propri pensieri e lavora su se stesso è nel tempo presente, è nel "qui e ora" e in questo luogo, essere presenti a se stessi è fondamentale, ma cerchiamo di capire come mai lo è e come mai è così difficile riuscirci.

Quando non sei nel presente, dove sei? Dove è la tua consapevolezza mentre lavori, sei al pc, o scavi una buca?

Vi sembrerà incredibile, ma si può essere letteralmente da un altra parte mentre si fa qualunque cosa vi possa venire in mente, anche mentre fate l'amore, anche mentre governate un Paese, anche mentre state scrivendo un libro sul "Qui e ora"!

E' subdolo e sfuggente eppure è l'unico vero momento che esiste, l'unico su cui noi esseri umani dovremmo stare.

Mettiamola così, noi abbiamo 3 cervelli, 3 menti distinte o 3 livelli di programmazione, a voi la scelta della definizione che più vi aggrada, il livello inconscio, è quello dell'animale preistorico, è il cervello più antico, quello che viene definito anche come "Cervello Rettiliano", questa mente (in realtà parte di un complesso maggiore) è quella che ci fa sopravvivere, è quella che mostra i muscoli è quella che fa a spallate col vicino per vincere, questo cervello così efficiente, ma anche così ottuso e ostinato, è la mente che comanda gran parte delle nostre vite, spesso è esattamente lì che siamo quando non siamo nel presente, la cosa negativa in tutto ciò è che non potremmo mai e in nessun modo essere felici usando questa mente, per il semplice motivo che non è stata programmata per esserlo, ma anzi, farà il possibile per non rendervi felice, in quanto l'essere felice, è visto da questa vostra mente, come una minaccia alla propria sopravvivenza animale!

Dunque si inizia a capire chi e perchè ha instillato in noi determinati pensieri negativi, ricordate che il loro scopo è sempre quello di non farci muovere, di farci stare dove siamo, un animale infatti non lascerà mai la propria tana sicura per l'esterno pericoloso e sconosciuto.

Ma questo provocherà in noi enormi sofferenze e delusioni, in quanto noi siamo qui esattamente per il motivo opposto, ossia per sperimentare e per conoscere lo sconosciuto, da qui la continua lotta interna, che se non portata alla coscienza può diventare un nodo irrisolto della nostra vita.

Ma la responsabilità è sempre la nostra, non la colpa badate bene, che è poi un pensiero negativo di tipo Religioso, limitante e negativo pure esso, perchè è da una parte di noi che è nato tutto ciò, sta a noi cambiare quello che abbiamo scritto dentro, è possibile e anche facile una volta capito come fare, pensate solo al fatto che la pubblicità lo fa costantemente e tutti i giorni!

Restare nel presente nel qui e ora, fa si che questi fenomeni siano sempre chiari già dal loro apparire, quando siamo pienamente consapevoli, non siamo preda della nostra mente animale, ma siamo nella seconda mente, la mente che coscientemente sappiamo di essere, quella che sa distinguere e che non è preda delle emozioni come un bambino.

La terza mente è quella dell'Illuminazione, è il connubio tra le prime due menti, ormai spolpata della lamentela e del giudizio, ormai in questo livello il sentimento della vittima è stato definitivamente abbandonato, per lasciare spazio al meraviglioso e al sublime, non è fantasia o roba da Bonzi, come dice un mio amico, anzi, basta davvero poco, quando cade il velo del lamentio inutile e dei pensieri stile chiacchericcio costante, ecco che appare la bellezza di ciò che abbiamo di fronte, e avendolo provato in effetti devo dire che le parole hanno ben poco senso per descrivere queste sensazioni (messo che lo siano), il così detto "cuore aperto", direi che è alla fine la descrizione più simile che si può fare, è la sperimentazione in terra del nostro essere interiore Divino e perfetto, qui davvero tutto è perfetto per come è, non si sente più il bisogno di giudicare, cambiare o manipolare niente e nessuno, è la prova della nostra vera natura, che è perfetta in quanto tale.

E' inutile dire, che in ultima analisi, i pensieri negativi e i convincimenti limitanti che abbiamo, non sono altro che ostacoli che noi stessi ci mettiamo di fronte, per non farci vedere o sarebbe meglio dire, ricordare, chi siamo veramente e cosa siamo capaci di fare, qui, in questa specifica realtà, siamo noi i Creatori, e lo dico nel vero senso della parola, come lo direbbe un Fisico, noi creiamo letteralmente tutto ciò che vediamo, e possiamo creare tutto ciò che desideriamo oppure tutto ciò che temiamo, se lasciamo fare al nostro potente programma di autoconservazine.

Queste affermazioni sono davvero molto potenti e scioccanti, ma c'è dell'altro, basta citare il pensiero di Deepak Chopra, che altro non è che il pensiero di un antichissima filosofia indiana:

Tutto ciò che crediamo esterno è un illusione, comprese le persone.

"Io ho creato quella persona perchè volevo vedere delle cose dentro di me, io ho creato quegli eventi perchè volevo vedere degli aspetti di me che non sapevo di avere."

E' per questo che lamentarsi è ridicolo e fare la vittima ancora peggio, esiste solo ciò che vogliamo essere, è la responsabilità di ciò che siamo che ci fa crescere, non ha importanza fissarsi su azioni passate o su come "dovrebbe" essere il nostro futuro, esiste solo un tempo che è il qui e ora, il resto non ha senso.

Vivere il presente nel qui e ora è lo sforzo pratico e costante di ricordarci chi siamo, ora, in questo momento, adesso, il resto è tutto tempo perso, conta solo quando ci ricordiamo di noi, più lo facciamo e più ci sveglieremo dal sonno in cui siamo caduti.

Le tecniche che ho esposto sopra e che esporrò nel corso del libro, funzionano perchè hanno come obbiettivo quello di interrompere il costante chiacchericcio, che è poi sgorgante dal nostro cervello più antico, è una sorta di continua distrazione per non farci sentire, capire e vedere ciò che è ovvio, e cioè che siamo e che possiamo fare e avere tutto ciò che desideriamo, in qualsiasi momento, siamo noi a creare tutto, ma proprio tutto, sono solo le nostre convinzioni a limitarci, noi possiamo fare e ottenere solo ciò che ci permettiamo di credere.

Dunque, almeno all'inizio del nostro percorso, dobbiamo sforzarci di tenere sotto controllo i pensieri più limitanti ed invasivi, quelli più assurdi che spesso sono anche i più potenti, dobbiamo portarli alla luce e trasformarli in pensieri positivi di uguale potenza contraria, vedrete come sia molto facile dopo un pò, non richiederà quasi nessuno sforzo, e vedrete come pensieri che sembrano indistruttibili, non possono nulla contro la potenza della mente cosciente, la vera Volontà (Thelema), l'unica che esiste, in fondo basta capire che per quanto potentissima nella ripetizione di programmi auto conservativi, la mente ancestrale è come un bambino con i super poteri, è in grado di creare il nostro mondo, ma non sà bene cosa vogliamo, è dunque nostro dovere essere molto chiari e diretti e far capire senza possibilità di errore ciò che desideriamo e ciò che non desideriamo, esattamente nello stesso modo in cui lo spiegheremmo ad un bambino.

Anche questo punto è fondamentale, non bisogna vedere come un nemico da abbattere, la nostra mente inconscia, è preferibile interpretarla come una sorta di bambino molto abile ma da indirizzare e da educare.

Vivere il presente e non sognare ad occhi aperti, che è poi un programma di creazione all'opera ma senza guida, è invece un lavoro continuo che ci avvicina al nostro aspetto più divino, quando riusciamo ad essere pienamente nel presente e a far tacere il brontolio costante, ci è chiaro come tutto sia perfetto così come è, è solo la nostra mente animale a vedere difetti e critiche ovunque, a voler aggredire, conquistare e scappare a gambe levate, esattamente come si comporta una belva allo stato brado.

CAPITOLO 4

PERCHE' DIVENTARE
PROPRIO RICCO?

Blocchi millenari

Ho deciso di dedicare quasi l'intero capito sull'argomento della ricchezza, lo affronto così ampiamente per diversi motivi:

perchè è più facile essere povero che ricco in questo mondo e io adoro le sfide, perchè il denaro condiziona molto le persone e le loro menti, perchè la tua situazione economica è la rappresentazione esteriore del tuo stato interiore, ma sopratutto perchè se riesci ad attrarre denaro e prosperità, contro tutti i pronostici, ti convincerai finalmente della veridicità delle mie affermazioni e questo sarà solo l'inizio, una volta svegliato lo spirito, vorrà volare sempre più in alto e la ricchezza esteriore diventerà presto la tua ricchezza interiore, che poi è spesso la stessa cosa.

Capire come funziona la legge dell'attrazione, vale sia per il denaro, che per gli affetti, vale per il mondo che tu stesso ti costruisci e in cui decidi coscientemente di vivere, qui è la responsabilità verso se stessi che è al centro di tutto, non il proprio conto in banca, solo che per ora faccio finta di non avertelo detto, perchè è ancora presto, quando avrai passato abbastanza tempo nel presente, e avrai risolto i tuoi problemi impellenti di denaro (se li hai, come li avevo io), allora potrai vedere che il mondo è perfetto così come è, anzi di più, è meravigioso, da togliere il fiato, a quel punto potrai farlo davanti ad un Martini a Portofino o in miniera mentre spali, è irrilevante, ciò che è "fuori" è solo lo specchio di ciò che hai dentro, se guardi il mondo con gli occhi dell'ego, potresti essere miliardario e sentirti povero e assetato di risorse comunque, è il punto di visuale che ci interessa.

Se sei nato in una famiglia ricchissima e molto agiata, potresti pensare che il denaro per te non è importante e sbaglieresti, in realtà probabilmente il denaro ha condizionato la tua vita esattamente come quella di chi è nato in una famiglia di operai, i programmi sono sempre in funzione e sanno fare sempre le stesse cose, bloccarti e lasciarti inerme, che importanza ha se si ottiene lo stesso risultato sia con la carenza che con l'abbondanza?

Spesso alcuni amici, con cui parlo di spiritualità e di questioni animiche, non capiscono come sia possibile che io frequenti una palestra per fare pesi o che passi parte della mie giornate a lavare la mia Mercedes, ma loro non sanno che quando vado in palestra ad allenarmi, altri amici si stupiscono del fatto che io scriva libri "spirituali" e che parli di reincarnazione o di vivere nel presente.

E' tutto parte dell'incredibile gioco virtuale della vita, è tutto perfetto così come è, e non potrebbe essere altrimenti, andare oltre il giusto e sbagliato è un obbligo, noi ragioniamo partendo da presupposti erronei, è questo che fa meravigliare i miei amici.

Mai come gli umani di questa epoca storica, hanno il bisogno (indotto) di incasellare le persone, una persona che ammette di fare azioni che possono sembrare opposte, destabilizza la società, uno che va in palestra non può essere anche un individuo votato alla spiritualità e viceversa, chi ricerca gli agi terreni non può parlare di libertà spirituale, e potrei andare avanti all'infinito inanellando idiozie una dietro l'altra.

Questo pensare comune, dunque nè tuo e nè mio, ma di qualcun'altro, impone pensieri preconfezionati alle masse, ed è deleterio e ad ogni modo implica sempre un giudizio che come minimo è superficiale, seguire la propria testa vuol dire proprio questo, fregarsene altamente del ben pensare o del politicamente corretto, quello che "dovresti" dire, quasi mai ha un senso, seguire il proprio istinto e ciò che si sente è invece l'unico modo per arrivare dove desideriamo, all'inizio ambiremo a mète di tipo materiale, ma proprio come succede ai bambini che crescono con l'esperienza, alzeremo il tiro a livelli sempre più alti con il tempo.

Il corpo non è staccato dalla mente, è la stessa cosa ed è vuoto se è privo di anima, allenare i deltoidi superiori vuol dire allenare anche altro di più profondo, possedere una bella macchina può voler dire, in questo mondo allegorico, avere fiducia in se stessi e nella prosperità del mondo, vuole anche dire concedersi quel senso di libertà che le auto spesso sanno dare.

Qui tutto è il simbolo di qualcos'altro, non smetterò mai di ripeterlo, nei Monasteri del Medio Evo, si insegnava a vivere senza agi per raggiungere il divino, ma i monasteri erano in realtà ricchissimi e non c'è nulla di sbagliato in tutto questo, quello che bisogna allontanare è l'attaccamento ossessivo e malato ai beni materiali, il pensare che siano indispensabili, il credere che solo tramite gli agi fisici saremmo felici, questo è sbagliato e porta a cocenti delusioni, ma vivere la propria prosperità con serenità è invece un grande dono per se stessi e per chi ci sta intorno.

E' necessario smettere di pensare che il mondo è sull'orlo del collasso per carenza di risorse, questa è un'immensa bugia inventata per creare conflitti, e non corrisponde in nessun modo al mondo "reale" che c'è la "fuori".

Ieri come oggi, i Governanti delle vite altrui, impoveriscono col solito metodo di 2000 anni fa, che è la tassazione senza freni su tutto e tutti, inventano crisi e paure irrazionali, ma solo chi le crede reali ne può subire gli effetti, e per fare ciò si servono di tutti i mezzi di cui dispongono, che sono enormi, Tv, Radio, Giornali, Partiti politici ecc, qui non ci sono limiti di spesa, non si bada a spese se si tratta di convincere la "massa" che è in atto una crisi globale.

L'unica vera crisi globale in atto è la loro crisi nel convincere la "massa" delle loro sciocchezze, dunque rincarano sempre di più la dose, arrivando a superare spesso il paradosso.

Da sempre l'uomo è stato controllato col denaro o meglio con la sua carenza, nella maggioranza dei casi almeno, alcuni vengono controllati in ugual modo con l'eccesso di denaro, ma è molto più raro e pericoloso per i controllori, la cosa è tutto sommato banale nella sua semplicità, se costringerai (convincerai) la gente ad occupare la maggior parte della propria esistenza in attività atte alla sopravvivenza, come un lavoro inutile di 8 ore al giorno, o come avviene adesso, con la ricerca inutile di un lavoro, esse non avranno il tempo e sopratutto le energie per svegliarsi e capire che è tutto un inganno, e che stanno sprecando il loro tempo per cose di poca importanza, per un tozzo di pane, dicevano i vecchi saggi.

Dunque si capisce come sia essenziale per l'addormentamento delle coscienze, che le persone restino costantemente in uno stato di ansia e di immobilismo, prima bastava che la Chiesa tuonasse quanto il denaro fosse malefico (questi convincimenti sono malefici) per inibire per milleni le masse, oggi che il messaggio della Chiesa è diventato scialbo e ridicolo, visto che tralaltro è detto da gente ricchissima, che ben sa quanto serva in questo mondo il denaro, non basta più, così si inventano crisi e senso di impotenza diffuso, prima c'era la guerra fredda, poi la Cina, poi i "mercati cattivi", poi gli alieni e infine il fantasma petronillo che durante il sonno ci darà un bel pizzicotto sulle chiappe per quanti siamo stati cattivi.

Creare conflitti, spintonare, arraffare e fuggire, questo ci insegnano costantemente, lo devi fare perchè il mondo è cattivo, è fatto di cattivoni che ci vogliono aggredire, quindi se vuoi sopravvivere devi difenderti, ma guarda caso questo è esattamente il modus operandi di un qualcosa che ormai dovremmo conoscere molto bene, ossia il nostro cervello ancestrale, rettiliano, il nostro ego, è Lui ed è chiaramente riconoscibile, è chiaro al 100% che chi ci governa, è completamente governato a sua volta da questa "mente" o perlomeno, fa finta di esserlo e sfrutta invece dinamiche insite in tutti gli esseri umani, ben sapendo su cosa fare leva.

Aprire la propria mente, con gli esercizi del qui e ora, ci fanno allontanare da queste manipolazioni, e ci fanno vedere questo immenso Ologramma per quello che è, senza filtri dettati dalla paura o dal senso di impotenza e di carenza.

Ognuno di noi sa quanto tempo della propria esistenza è giusto spendere per produrre reddito, per aiutare gli altri, per appoggiare progetti che si condividono ecc, ma sempre in noi deve essere chiaro che l'unico tempo realmente importante è quello dedicato all'apertura mentale e all'interruzione di un esistenza vuota e priva di coscienza, questo è al di sopra di tutto, in quanto senza una reale presa di coscienza non possiamo neanche affermare di essere vivi, dunque tutto ciò che facciamo risulta pallido e nebuloso proprio come in un sogno, che poi è quello che è.

Provare a noi stessi che siamo in grado di attrarre prosperità per noi stessi e per i nostri cari è un'emozione stupenda, ci fa sentire vivi e forti e sopratutto ci fa vedere in tempo reale che i veri creatori del nostro mondo siamo noi, quando siamo liberi di scegliere in completa armonia, scegliamo di vivere in un mondo ricco, e desideriamo la ricchezza anche per i nostri simili, è una sciocchezza pensare che qualcuno preferisca per davvero vivere nella miseria e nel degrado, anche se può essere un percorso importante in alcuni frangenti della propria vita, come lo è stato per me.

Quando avrete attratto abbastanza "cose", ma anche relazioni migliori, e una visuale più "lucida" del mondo, allora prima o poi alzerete lo sguardo in alto e realizzerete finalmente che tutto è possibile e forse desidererete aiutare i vostri simili, ognuno con i propri mezzi e con i propri talenti, magari scrivendo un Libro come me oppure incidendo una canzone stupenda, aprendosi sempre di più all'UNO che è in noi, queste sono scelte molto personali e ricordiamoci che aiutare noi stessi a risvegliarci dal lungo sonno vuol dire aiutare tutti gli esseri umani che esistono e che esisteranno, noi stessi, in questo cammino di risveglio, adoperiamo le antiche energie dei nostri predecessori, che hanno lasciato questa immensa energia vivificatrice che permea l'intero Universo nel tempo e nello spazio.

Vediamo ora come funziona l'attrazione o meglio la creazione di oggetti o situazioni che desideriamo, in questo Universo o realtà virtuale che dir si voglia, è importante scoprire le Leggi che governano le cose, è vero che noi creiamo la nostra realtà costantemente, ma è anche vero che lo facciamo in modo completamente inconscio, non abbiamo nessuna idea di come ciò avvenga ed per questo che lo subiamo invece di usarlo a nostro vantaggio, solo conoscendo le dinamiche della creazione possiamo creare la nostra realtà in piena coscienza, solo così saremo responsabili del nostro destino, e ricordiamoci sempre, che se non lo faremo noi lo farà qualcun'altro, insomma è venuto proprio il momento di smetterla di piagnucolare e di metterci al timone della nostra esistenza.

Che lo sappiate o meno, la Matrice creatrice, l'Universo, chiamatelo come volete, è in costante contatto con voi, vi manda degli stimoli a fare alcune cose, vi manda dei suggerimenti e delle soluzioni ai vostri problemi, questi messaggi, sono poi filtrati dagli innumerevoli strati di filtri che avete, che poi sono le vostre credenze, a quel punto sono presentate alla vostra coscienza, ma risultano spesso distorte e private di quasi tutta l'energia iniziale, spesso ci arriva un idea su quale attività nuova intraprendere e li per li ci sembra un ottima idea, ma dopo pochi minuti siamo assaliti da pensieri negativi che depotenziano e frenano l'idea, come sempre il risultato sarà quello di non farci fare nulla, oppure, che forse è peggio, i nostri convincimenti negativi faranno si che realizzeremo l'opera ma talmente in ritardo e male che falliremo e quindi ciò andrà inevitabilmente a scalfire la fiducia che riponiamo in noi stessi, anche se dovremmo dire, nell'Universo in questo caso.

Anche le nostre richieste fanno lo stesso "giro", l'Universo ascolta sempre ciò che chiediamo, anzi fa di meglio, ci esaudisce anche quando non gli e lo chiediamo, vi sembrerà assurdo ma è proprio ciò che avviene, quando pensiamo ad occhi aperti ad una cosa, un fatto futuro o inventato di sana pianta, stiamo creando involontariamente il nostro possibile futuro, sognare ad occhi aperti inconsciamente è negativo e oltre a sprecare inutilmente energia, spesso più che sogni ad occhi aperti andrebbero definite allucinazioni ad occhi aperti, ma ricordate che in quel momento voi state inviando una "chiara" richiesta all'Universo, che è come un bambino super dotato, egli non sa cosa ci fa bene o male, non conosce le quantità giuste e i tempi corretti, ecco il disastro delle nostre vite, passiamo la vita a richiedere inconsapevolmente ciò che non vogliamo, senza averne la più pallida idea, o peggio, con il semplice fatto di pensare costantemente a disastri e miserie planetarie, chiediamo all'Universo altri disastri e sfaceli!

Se pensiamo sempre che non troveremo mai un compagno giusto per noi, otterremo proprio questo, se rimaniamo concentrati sulla crisi mediatica otterremo ancora meno prosperità, dunque il primo passo è quello di pensare non alle carenze ma a ciò che desideriamo, invertiamo subito il meccanimo e inizieremo ad usarlo a nostro vantaggio invece di esserne vittime, dunque se abbiamo "bisogno" di denaro, non pensiamo mai più a quanto ne abbiamo bisogno, ma anzi, pensiamo il più possibile al denaro come se già fluisse nelle nostre tasche, senza smania, solo pura concentrazione con distacco, in questo la mia esperienza personale si discosta parecchio da molte scuole di pensiero in merito all'attrazione, il caricare troppo di emozione a mio avviso è un errore e si ritorce sempre contro, distorcendo il desiderio, invece un sano atteggiamento distaccato di chi vuole attrarre a se ma non per bisogno è a mio avviso e per mia esperienza personale la formula che funziona meglio, anzi, l'unica che funziona, almeno su di me.

E' simile all'atteggiamento del single che sta bene da single e che aspetta con fiducia l'arrivo della compagna giusta, sa che quando starà con la sua nuova compagna sarà felice, ma non forza la mano e non si dispera pensando che è solo come un cane e che non troverà mai una compagna giusta per lui, la cerca e si fa trovare, non passa le giornate a provarci con tutte perchè si sente frustrato da solo, ma apre il proprio cuore e la propria mente alle "occasioni" che inevitabilmente l'Universo gli stà già preparando per il futuro, se capite appieno questo stato mentale, allora avete già la chiave per attrarre tutto ciò che desiderate, dovrete solo fare ancora un pò di pratica e seguire qualche altro consiglio che vi svelerò nel corso del libro.

Adesso vi voglio far riflettere su una cosa che potrà sembrarvi banale, ma che non lo è per niente ed è una tecnica infallibile per attrarre denaro, vi voglio fare una domanda, voi dove tenete le cose a cui tenete di più?

Vicino a voi mi risponderete, ebbene si, è un messaggio al nostro inconscio inequivocabile, se teniamo ad una cosa ne ricerchiamo il contatto fisico, non lo allontaniamo da noi con disprezzo, se camminando vediamo una monetina da un cent voi cosa fate, lo raccogliete o lo schiafate perchè inutile e sporco?

Se lo raccogliete sappiate che avete appena detto chiaramente al vostro inconscio/Universo creatore, che amate il denaro, egli infatti non fa nessuna distinzione tra un centesimo e un milione di euro lui capisce solo il "denaro", e capisce così che ne desiderate dell'altro, addirittura siete disposti a piegarvi davanti a tutti per averne dell'altro!

Se le cose a cui tenete le volete vicine e a contatto con voi, perchè tenete i soldi nel portafoglio? In un astuccio staccato da voi o in banca perchè il denaro è sporco?

Andate in banca e ritirate 1.000 euro o più in pezzi da 100 o da 200 e teneteli sempre in tasca, se non li avete appena avete dei soldi teneteli in tasca e non nel portafoglio, ricordate il denaro è attratto da altro denaro e da chi lo apprezza, se lo disprezzi e hai un atteggiamento di distacco fisico, se la darà a gambe da te e addio centoni, statene certi.

Qualche anno fa conobbi un uomo sui 55 anni e a causa della crisi edilizia non lavorava da tanto, inoltre aveva anche seri problemi di alcool e dormiva nell'auto di un suo amico, era la persona più povera che avessi mai conosciuto obbiettivamente, raccoglieva i mozziconi di sigaretta per terra e se li fumava, però teneva i pochi soldi che gli capitavano nel portafoglio, perchè a suo avviso erano sporchi, tutto vero ve lo garantisco, mi interessava molto il suo rapporto col denaro e posso dire che molte dinamiche le ho capite grazie a lui, che era per così dire una sorta di lente gravitazionale in merito all'attrazione della ricchezza e della miseria, che poi è la stessa cosa, visto che se capisci come funziona una sai anche come funzionerà l'altra.

Se dentro di te hai scritto "povero" potrai guadagnare immense fortune ma tornerai sempre povero, è una legge e da li non si sfugge, o cambi quello che hai scritto dentro di te e cambi le tue convinzioni, o la tua "soglia di merito" per cosi dire o non uscirai mai dal "programma miseria".

Tornando al mio amico sopra citato, un giorno me lo ritrovai sotto casa che gridava come un matto, Euge Euge esci subito ho una grandissima notizia da darti, io scendo in fretta e furia e mi mostra un biglietto gratta e vinci, vincente da 2.000 euro (io li chiamo gratta e perdi ed è per questo che non vinco mai e non ci gioco neanche mai) insomma siccome che per incassarlo aveva bisogno di un conto corrente era venuto da me per poter ritirare la vincita, cosa che feci subito e gli diedi i suoi soldi senza chiedergli nulla nonostante le sue insistenze, ero contento per lui, era riuscito ad attrarre del denaro come gli avevo insegnato con alcune tecniche di attrazione e ciò mi faceva ben sperare per il suo futuro, ma dopo neanche una settimana lo ritrovai in giro a racattare mozziconi di sigaretta per strada, al che gli chiesi che cosa ne avesse fatto dei 2.000 euro, che non sono molti daccordo, ma per uno che non ha nulla sono un piccolo tesoro e lui mi rispose che li aveva scialaqquati alle macchinette e regalati in giro in neanche 3 giorni.

Ricordate se sei fermamente convinto di essere povero, e non cambi quello che hai scritto dentro, rimarrai misero a vita e non serviranno a nulla 2.000 euro vinti o milioni ereditati, è così che funziona è una legge universale.

Ora vai a casa, accendi pc e stampante e stampati 2.600 euro in banconote da 200 euro, non devono essere perfette, non ci devi truffare nessuno, anzi, li devi tenere sempre in stasca con te insieme ai soldi "veri", dammi retta è una vera calamita per il denaro.

Prendi il carnet degli assegni e fatti un bell'assegno a tuo nome da 8.000 euro, firmalo, metti la data e riponilo nel cassetto della scrivania, poi prendi una distinta di versamento della posta o della banca e compilala con 15.000 euro da versare nel tuo conto corrente, firmala, metti la data e riponila insieme all'assegno nel cassetto della scrivania.

Oggi ti senti soddisfatto perchè hai fatto un bel lavoro oppure perchè sei stato molto paziente con quello sbruffone per strada, bene, è venuto il momento di firmarti un altro bell'assegno da 10.000 euro come premio!

Accendi nuovamente il pc e leva immediatamente quella donna popputa come sfondo, o il solito bonazzo abbronzato (usano gli autoabbronzanti), e al suo posto metti una bella foto di lingotti d'oro o di un incredibile valigetta piena di euro, ancora meglio se sai usare excell, scaricati il saldo del tuo contocorrente e modifica il saldo finale correggendolo a tuo favore, 2 o 3 zeri in più possono bastare per ora, da ora in poi sarà il tuo nuovo sfondo del pc.

Desideri una nuova auto sportiva, bene sceglila da google, colore e motorizzazione personalizzate, e poi mettila subito come sfondo del pc, quando guardi la foto dei tuoi sogni, indica solo un termine temporale e basta, "datare" i propri sogni è essenziale, per questo sono perfetti gli assegni e le distinte di versamento:

desidero questa auto entro la fine del 2015

mentre chiedi i tuoi desideri dentro di te ti senti uno sciocco, pensi che tanto non avverrà mai, e che se si realizzerà sarai massacrato dai debiti o dal fisco? Guarda i tuoi pensieri negativi che nascono, sono loro che ti impediscono di realizzarti, portali alla luce, alla coscienza, cosa c'è di giusto nelle critiche che ricevi, cosa c'è di reale? Cosa ti permette di fare il non avere quella cosa, cosa ti permette di Non fare il non avere quella cosa? Scrivilo e analizzalo, spesso dietro a una negazione ci sono non solo convinzioni negative fine a se stesse, ma motivazioni che lì per lì non sai proprio di avere, ad esempio potresti scoprire che non desideri un auto perchè prendi sempre l'autobus alla mattina e lì ci incontri sempre la tua vicina carina, le logiche che si instaurano non sono quasi mai razionali, ma bensì totalmente irrazionali, sarà molto semplice una volta portato alla luce l'ostacolo rimuoverlo completamente, oppure se lo riterremo opportuno, evolvere il nostro desiderio in modo da soddisfare anche quella determinata necessità oppure cambiare decisamente rotta verso altre soluzioni radicalmente diverse.

La grande differenza la fa la nostra volontà di capire cosa succede intorno a noi, se smettiamo di essere vittime inermi degli eventi esterni, che ci appaiono esterni, capiremmo come sia naturale che le cose siano così, solo una coscienza può essere in grado di creare qualcosa, il nulla crea il nulla, la coscienza crea autocoscienza che tende ad espandersi all'infinito, ed è per questo che il blocco sul denaro e sulla ricchezza è stato fra i primi ad essere stato creato, è in realtà molto evidente l'accostamento attrazione/ricchezza e il suo opposto l'attrazione/miseria, anche per chi non crede in "queste cose".

Da millenni e forse anche più, i governanti/controllori del pianeta, imbottiscono di credenze negative il denaro e la ricchezza, il denaro deve essere difficile da guadagnare, devi sudartelo, e non basta mai, è sporco e deviante, porta alla luce solo gli aspetti negativi delle persone e altre sciocchezze del genere.

Il denaro è un ologramma/pensiero/energia, come tutto il resto, gli attribuiamo un determinato valore che è esattamente ciò che fin da piccoli ci hanno detto che ha, a parole diciamo che vale molto, ma dentro siamo pieni di sensi di colpa e quasi tutti crediamo che sia sporco e malefico, ne vorremmo molto a parole ma i nostri preconcetti su ciò che è ce lo allontanano per sempre, non c'è da meravigliarsi che la stragrande maggiornaza del pianeta subisca la mancanza di denaro, non lo sanno, ma in realtà stanno facendo il possibile per allontanarlo da loro, come sempre siamo noi i responsabili di ciò che creiamo, compresa la realtà che abbiamo deciso di vivere, o che abbiamo fatto decidere ad altri in nostra vece, comunque la abbiamo avallata e ne siamo i responsabili sempre, non esistono scusanti o scappatorie qui.

Vi ho parlato poche righe fa del mio amico davvero povero, come alcuni di voi avranno già intuito, se iniziate a capirmi, questa esperienza di vita non mi bastava, avevo bisogno di vedere con mano (vedere con mano, geniale) l'altra faccia della medaglia, il rovescio, avevo bisogno di parlare con chi è nato nel lusso più sfrenato, nell'opulenza vera, quella dei ricchi da generazioni, quella dei milionari figli di milionari, e così, come sempre accade nella mia vita, da un pò di anni a questa parte, attrassi la persona che mi serviva conoscere, non poteva andare altrimenti, e conobbi questa ragazza che aveva le caratteristiche che mi servivano per poterle raffrontare con il caso sopracitato del super povero, quello che volevo capire è se c'erano delle evidenti diversità di pensiero tra le due persone, cosa le rendeva così opposte, il povero era per davvero più pieno di alti valori rispetto alla ricca ereditiera? La ragazza ricca era davvero avida e piena di boria dall'alto del suo elicottero personale? Chi infine era più felice dei due, chi dei due era più soddisfatto?

Risponderò per prima a quest'ultima domanda, perchè la reputo la più illuminante, tutti e due erano ugualmente frustrati e infelici, una a bordo di una supercar, l'altro sull'autobus senza biglietto.

La ricchezza non è in nessun modo garanzia di felicità, la felicità è uno stato interiore che va ricercato e trovato, non è difficile da trovare ma semplice e naturale, puoi essere felice senza avere nulla o possedendo il mondo è semplicemente irrilevante, la felicità deriva dall'intuizione fulminea che il mondo è un illusione e che è perfetto e stupendo così com'è.

Ma per rispondere alle altre domande sopra citate, le sorprese sono a mio avviso in quello che potremmo definire il proprio personale livello di merito, la ragazza ricca ha sicuramente un livello di gran lunga superiore rispetto al ragazzo povero, in pratica ciò che ci permettiamo di avere, in termini di agiatezze e di beni materiali, è direttamente collegato a ciò che pensiamo di valere o di meritare, ed è questo in ultima analisi che condiziona maggiormante la nostra situazione economica, più di qualunque altra convinzione, credere di essere persone che "valgono" fanno di noi persone anche ricche dal punto di vista economico.

Per quanto riguarda invece la questione dei valori etici o pseudo tali che dovrebbe avere il povero rispetto al ricco, su questo ho constatato esattamente l'opposto, ne ha di sicuro molti più la ragazza ricca che il ragazzo povero, ma ad ogni modo il mio lavoro "investigativo" è stato improntato più sull'aspetto spirituale e non vuole e non deve essere preso alla lettera o inteso come una sorta di indagine giornalistica, anche perchè io sono amico personale di queste persone e le trovo tutte e due delle persone splendide per come sono e sono consapevole del fatto che mi hanno davvero aiutato molto a crescere e a capire.

CAPITOLO 5

LE TECNICHE DAVVERO EFFICACI

La NON Attrazione si svela

Nei capitolo precedente abbiamo visto già alcuni importanti esercizi per attrarre prosperità e denaro e sul come individuare e cambiare alcune nostre convinzioni limitanti, vedremo ora più in dettaglio queste tecniche e come adeguarle alla nostra "personalità" e come far si che diventino automatiche, in modo da accrescere nel tempo la loro opera di trasmutazione alchemica.

E' importante capire che usiamo altri programmi in sostituzione di altri che reputiamo obsoleti e dannosi, qui è importante rimanere focalizzati sull'obbiettivo principe, che è la nostra personale liberazione da questa pallida esistenza semicosciente, che più o meno sappiamo di vivere.

Proprio per questo gli esercizi che mostro lavorano a livelli differenti e la loro importanza è legata indissolubilmente agli obbiettivi che si prefiggono, per intenderci, gli esercizi sull'acquisizione materiale sono per così dire preparatori agli esercizi del ricordo del se e sono ad un livello inferiore, sono propedeutici uno dell'altro.

Ricordate inoltre che qui il tempo non ha molto senso, non quello che intendiamo noi per lo meno, la freccia del tempo che in questa realtà può scorrere solo in una direzione, dal passato verso il futuro, qui non ha molto valore e spesso potremmo assistere ad eventi che lavorano con la freccia girata all'inverso, ossia dal futuro verso il passato e non dovremmo meravigliarci più di tanto, è il caso ad esempio delle premonizioni, ma vi ricordo che non è davvero importante possederle, a volte capita di averle a volte no, c'è chi ci nasce con questi doni e chi non li avrà mai, abbiamo solo quello di cui abbiamo bisogno e sopratutto quello in cui crediamo fermamente possibile.

Gli esercizi sul "ricordo del se", che presento sono esercizi antichissimi, sappiate che hanno migliaia di anni e che la loro potenza va oltre la vostra attuale comprensione, fuzionano sempre e comunque, sia che riusciate a farli correttamente e sia che falliate, qui quello che conta è l'impegno che ci mettete, è la volontà che "vi" dimostrate a creare la magia, instaurare gli automatismi che vi insegnerò vi aiuterà a sfruttare la macchina umana che siete a vostro vantaggio, e vi aprirà lentamente alla percezione di quello che c'è "là fuori", cosa che solo il cuore e la nostra parte più nobile può comprendere, il nostro cervello rettiliano non è in grado di vedere l'armonia e la perfezione, ma è programmato esclusivimente per vedere e correggere difetti (quelli che lui reputa difetti), egli vede solo la propria sopravvivenza e non accetta mai la sconfitta e ancor peggio la morte, che è poi la sua peggiore sconfitta.

Dunque chiarito che il tempo qui non è importante, potrete eseguire gli esercizi come meglio credete, prima uno o l'altro, la cosa migliore però è che li eseguiate regolarmente tutti i giorni, senza sosta, sopratutto quelli riguardanti il ricordo del se e rammentate che è il vostro sforzo a premiarvi e non il semplice risultato.

Potrete fare esclusivamente gli esercizi che reputate più idonei a voi, oppure potrete sforzarvi in quelli più complessi, che non mancherò di indicarvi come tali, è comunque obbligatorio provare almeno una volta tutti gli esercizi che vi propongo, starà a voi scegliere come, per quanto tempo e quali fare, spesso, dopo un pò di anni di pratica, vedrete che spontaneamente sarete voi stessi a crearvi i vostri personali esercizi, che si baseranno sempre sugli antichi esempi, ma che come è giusto che sia, verranno adattati alla nostra specificità e al vostro tempo, fatevi guidare dal vostro animo nobile e non potrete che avere un enorme successo.

Per questioni puramente pratiche, dividerò gli esercizi in pratici e dediti all'acquisizione materiale e in esercizi dediti al ricordo del se e alla perfezione, in realtà capirete presto che sono spesso intercambiabili e che un esercizio del ricordo del se ci aprirà anche le porte verso l'attrazione dell'amore o del lavoro che meritiamo, la distinzione tra anima e corpo è solo nella nostra mente, che vi ricordo spesso mente, facendoci vedere distinzioni che non esistono da nessuna parte.

Ricordate inoltre, che come esseri umani che vivono in questa realtà olografica, siamo tutti soggetti a cicli, anche la Terra e il Cosmo intero lo è, dunque non meravigliatevi se in alcuni momenti avrete un grande impeto e forza nell'affrontare questi esercizi, carichi di energia positiva e di fiducia, e in alcuni altri sarete per così dire spenti e spossati psicologicamente, è una cosa normalissima e fà parte dei cicli biologici/mentali a cui tutti noi siamo soggetti, il mio consiglio è di serbare un pò di energia dei momenti profiqui per quando ne avrete bisogno, per i momenti di stanca, anche qui con il tempo diventerete molto abili nell'applicare questo metodo, che è molto importante in tutti i campi della nostra vita.

GLI ESERCIZI ALCHEMICI DEL RICORDO DEL SE'

Questi esercizi, come già ho accennato prima, sono molto antichi e ci vengono tramandati nei millenni dai nostri antenati, che già avevano capito tutto sulla reale natura di questo mondo, se la tua mente vaga costantemente tra una emozione incontrollata e l'altra non sarà mai nell'unico posto dove può essere realmente sveglia e cosciente di se, che è il tempo presente, il qui e ora, di cui abbiamo già ampiamente parlato, quelli che trovate esposti sotto sono gli esercizi più efficaci per riuscirci e non disperate se all'inizio otterrete pochi risultati, è normale, vi state appena svegliando e siete ancora troppo intorpiditi per ruscire a potrarre lo sforzo del ricordo per più di qualche secondo alla volta, ma dovete persistere e vi garantisco che sarà sempre più facile col tempo, fino a che non diventerà un riflesso naturale, una naturale proprensione al risveglio, sempre e comunque, come un antico guerriero che sà quando aspettare e quando sferrare il suo terribile attacco mortale.

Attraversare le porte

Applicate il ricordo di voi stessi ogni volta che attraversate una porta, anche quella della macchina, di casa o dell'ufficio, dovrete essere totalmente presenti a voi stessi mentre attraversate l'uscio, il simbolismo con il nostro "trapasso" è evidente, ma qui per ora ci interessa la nostra presa di coscienza a comando, il nostro comando, che è ogni volta che passiamo attraverso una porta, spesso vi accorgerete di attraversare le porte senza ricordarvi dell'esercizio, ebbene potrete tornare indietro e ripetere l'esercizio alcune volte, spesso passeranno ore o anche giorni prima di ricordarvi dell'esercizio, non dovrete rimproverarvi nulla o sentirvi in colpa per questo, per ora siete come bambini che iniziano a camminare per la prima volta e ancora non sapete di possedere la vera Volontà, perchè non l'avete mai usata per davvero, come Neo in Matrix che al proprio risveglio sente gli occhi e i muscoli indolenziti e gli viene detto che questo succede perchè non li ha mai usati prima d'ora.

Innescate l'automatismo del ricordo del se ogni volta che attraversate una porta, all'inizio sarà uno sforzo immane ma ben presto vi accorgerete che lo farete in automatico e l'esercizio aumenterà la propria efficacia giorno dopo giorno.

Ricordarsi di noi mentre ci vestiamo

Altro esercizio molto importante questo, la difficoltà consiste nell'essere svegli e coscienti di se mentre compiamo un gesto, quello di vestirci e di svestirci, talmente automatico da risultare quasi irreale, chiediti che tipo di mutande indossi in questo momento e ti renderai conto di quello che intendo, sovrapporre un automatismo ad un altro automatismo decennale che facciamo ecco il succo del seguente esercizio, solo che questa volta lo facciamo per uno scopo ben più profondo, lo facciamo per il nostro desiderio di risveglio, per il nostro amore per la vita, quella vera e non per questa allucinazione che definiamo esistenza.

Anche qui ci renderemmo presto conto di quanto sia effimero per ora il nostro ricordo di se, pochi secondi di coscienza e svanisce tutto, ma dove andiamo quando non siamo coscienti di noi? Non andiamo da nessuna parte, vaghiamo come barchette in un mare in tempesta, siamo come bolidi col motore al massimo di giri fermi in un parcheggio, non meraviglia che dato lo spreco immane di energie, ci sentiamo tutti spossati e stanchi come se avessimo fatto chissà che, in realtà non abbiamo fatto nulla, perchè l'unica vera azione che possiamo compiere è il ricordo di noi stessi, il vivere nel presente, che è poi l'unico tempo che esiste.

Ricordarci di noi mentre mangiamo

Potremmo chiederci come mai l'obesità sia sempre più in aumento, di sicuro la qualità scadente del cibo ne è una causa, ma ad influire molto sul nostro senso di fame è anche il totale automatismo con cui mangiamo, diciamo di apprezzare i sapori e i cibi, ma in realtà siamo sempre da un altra parte con la testa, parlare con gli altri mentre si è a tavola è un ottimo modo per distrarci nell'atto del mangiare, anche questa per altro un azione ad altissimo livello simbolico, spesso poi si mangia guardando la Tv che non è altro che un mezzo formidabile per farci volare a vuoto con la fantasia, per allontanarci dal qui e ora, facendoci trasportare in tempi e fantasie estranee a noi, con questo non dico che la Tv è sempre spazzatura e che "I programmmi" che vediamo siano sempre sbagliati, anzi, moltissimi film fanno e hanno fatto molto per il risveglio delle coscienze, ma tutto sta a come ci poniamo di fronte ad un mezzo così potente, che vi ricordo essere gestito da tutti tranne che da noi stessi.

Ricordiamoci dunque di noi stessi mentre ci nutriamo, sentiremmo ben presto di essere sazi molto prima di quando vorrebbe il nostro stomaco, essere coscienti mentre inseriamo del cibo dentro il nostro corpo, vuol dire essere coscienti anche mentre riceviamo le emozioni e le idee esterne a noi, prendiamo lentamente coscienza di tutto ciò che entra in noi.

Essere coscienti di se mentre si è in bagno

Così come è importante essere svegli mentre assumiamo del cibo è altrettanto importante esserlo anche quando espelliamo il materiale in eccesso, quindi sforziamoci di essere presenti a noi stessi anche mentre facciamo la pipì e la pupù o mentre ci soffiamo il naso, in questo esercizio multiplo, ci ricorderemo di noi anche mentre ci laviamo e ci asciughiamo e comunque in tutte quelle operazioni in cui ci prendiamo cura del nostro corpo, dunque anche mentre facciamo la tinta ai capelli, mentre ci tagliamo le unghie ecc.

Farsi la doccia o il bagno è un atto simbolico molto potente, cosa che sanno molto bene le Religioni di tutti i tipi che spesso lo reputano un gesto sacro, è giustamente la rappresentazione della purificazione, ma come sempre, senza coscienza e ricordo di se, resta un azione priva di senso e totalmente spolpata della sua energia alchemica iniziale.

Ricordiamoci di noi mentre facciamo l'amore o mentre abbiamo un orgasmo

Anche qui, esistono alcune dottrine che hanno usato l'energia sessuale per ottenere coscienza e verità, cosa per altro ovvia, lo sforzo di essere costantemente presenti a se stessi è notevole e servono grandi quantità di energia, è ovvio che l'uomo abbia pensato di usare l'enorme contenitore dell'energia sessuale di cui è dotato per riuscirci.

Questo esercizio si può praticare in coppia o da soli, ma all'inizio è preferibile data la sua difficoltà una certa pratica da soli, dovremmo infatti essere coscienti e consapevoli di noi stessi nell'esatto momento dell'orgasmo, o subito prima o subito dopo, meglio nel momento esatto comunque.

Perdersi totalmente nel piacere orgasmico, farà si che tutta la nostra energia sessuale vada sprecata, mentre è fra i mezzi più potenti, se non il più potente in assoluto, per risvegliare e creare in noi la nostra anima più pura, non meraviglia che questa pratica sia sempre stata osteggiata in tutti i modi, con il solito vecchio trucco del senso di colpa nei riguardi del piacere fisico, un tempo bastava questo a limitarne le potenzialità, bastava dire che era peccato, oggi, ancora peggio di allora si usano tecniche molto più raffinate e subdole per ottenere lo stesso risultato, ossia si preferisce il sistema esattamente opposto, con la continua immissione on-line gratuita di pornografia scadente, con spot pubblicitari sempre più di stampo pornografico, è come dire che il sesso è sporco e si vuole limitarne "l'uso" solo ad un livello basso, limitato ad un cervello rettiliano fatto di grossolane sensazioni.

Quando sarete pronti per essere nel qui e ora durante un orgasmo, avrete fatto una delle cose più rivoluzionarie che potete fare in questo mondo, avrete alimentato con l'immensa energia sessuale che avete, il vostro desiderio di libertà e di risveglio, con un azione pratica e in piena coscienza, e questo si che è rivoluzione, altro che scendere in piazza con i bastoni, che come ormai in molti avranno capito, è esattamente ciò che vogliono i nostri governanti, visto che facendo qusto continuiamo ad alimentare quelle energie che loro stessi hanno creato in noi.

Sfruttare quello che è stato creato per danneggiarci e addormentarci, per il nostro scopo di risveglio e a nostro favore, è il metodo più efficace che possiamo attuare ed è quello che usano i grandi saggi e guerrieri, come ci ricorda un bellissimo adagio:

sconfiggi il tuo nemico con le sue stesse armi

Ricordarsi di noi stessi mentre siamo con altre persone

Questo esercizio, insieme a quello sopra citato è il più difficile da attuare, richiede molto impegno e ci si può riuscire solo per gradi, dovremmo infatti ricordarci di noi mentre siamo in presenza di altre persone, conosciute o meno, vedrete quanto sia difficile riuscirci, in quanto implica la nostra creazione del cosidetto "testimone" o "osservatore", in pratica quella "sensazione" che abbiamo quando sentiamo la nostra stessa voce o quando guardiamo gli altri e il mondo circostante come se fossimo dentro ad uno scafandro, cosa che poi è molto simile alla nostra reale situazione.

All'inizio è preferibile allenarsi davanti alla Tv, ricordate quanto sia importante usare a nostro vantaggio quelle cose che in apparenza sembrano nate per danneggiarci, riusciremo così piano piano a guardare gli altri avendo però la costante percezione di noi stessi, senza fare come avviene sempre, ossia la totale perdita di noi durante un colloquio o un incontro con altri esseri.

In questo modo creeremo un altro "noi osservatore" che è essenziale e darà luce a ciò che siamo veramente, è infatti Lui, l'osservatore appena creato che è in grado di vedere la realtà circostante per quello che è veramente, solo Lui è in grado di svegliarsi per davvero al sogno della nostra esistenza, quando tutta la nostra coscienza sarà lì, saremmo totalmente svegli e lucidi, immortali e completamente consci della perfezione del mondo che abbiamo davanti ai nostri occhi.

"Quello che dobbiamo capire è che non c'è nulla che non va in noi, negli altri e nelle cose che avvengono, siamo soltanto noi che guardiamo con gli occhi della belva interiore, che non ha occhi se non per la propria autoconservazione e non può in nessun modo vedere la perfezione e la magnificenza che lo circonda costantemente".

Quando apriremo il nostro cuore, ed è quello che ci insegnano a fare gli esercizi che vi ho proposto sopra, non ci sarà più bisogno di lamentarci e di trovare scuse per tutto, diventerà per noi ovvia la nostra appartenenza ed il nostro scopo quaggiù, potremmo decidere in libera autonomia cosa fare del nostro tempo in qualità di esseri umani, potremmo pensare di aiutare gli altri, ma anche no, visto che il semplice aiutare noi stessi equivale ad aiutare gli altri, non dimentichiamoci che non c'è una reale differenza tra gli esseri e che è solo il "programma matrix" a dividere e a far apparire disgiunto ciò che in realtà è unito.

Ecco la reale portata del mio messaggio, che è poi come ho già detto lo stesso di sempre, non cambia la radice dell'intento ma cambia il modo di esporlo, cambia il modo di minare le vostre convinzioni, adattando i metodi di risveglio alle attuali credenze, ma li definirei i metodi d'urto, dunque non meravigliatevi se vi consiglio di vivere vite prospere anche negli agi che questo magnifico pianeta sà e vuole donarci.

Io non sono quello che si potrebbe definire un illuminato, un risvegliato, non accetto nessun incasellamento di nessun tipo, per il semplice fatto che nessun termine sarebbe appropriato per definirmi, come non lo sarebbe per definire voi stessi, se una persona chiede il mio aiuto io glie lo dò, questo è certo, ma nella consapevolezza piena che stò aiutando me stesso a vedere cose di me che non sapevo di avere, aiutare gli altri e pensare di meritare un applauso è come farsi un bonifico da soli e poi inviarsi un bel panettone a capodanno, davvero credetemi è così.

I programmi che abbiamo dentro poi, di certo non smettono di funzionare, e se lo fanno lo fanno solo dopo che li hai scoperti e demoliti o trasmutati nel loro equivalente di livello superiore, alcuni di noi hanno alcuni programmi molto più sviluppati rispetto ad altri e dunque non meraviglia che alcuni di noi tendano alla violenza fisica o verbale più di altri, oppure che ricerchino in modo assiduo determinate emozioni ecc.

Quello da capire qui è che il giudizio non serve ed è sempre la personalità a farlo, giudicarsi perché in un frangente si è perso la calma e magari abbiamo anche alzato le mani è un errore, l'Osservatore non giudica e non censura nulla, guarda e accresce il proprio potere con il tempo, lentamente e pazientemente, limitare e cercare di circoscrivere le proprie emozioni incontrollate è deleterio e può creare in noi malattie fisiche e psichiche molto serie, è così che si innescano principi di schizzofrenia o di malattire come cancro e altre serie patologia, il ricacciare dentro e il far finta di nulla non aiuta mai, anzi ci danneggia e rafforza i nostri mali, con gli esercizi del se, impareremo a non giudicare, noi, gli altri, le situazioni, impareremo che finchè siamo una macchina biologica, in quanto tale siamo vuoti, siamo dei sofisticatissimi programmi governati da altri programi, siamo senza poteri, siamo senza anima ed è come se fossimo morti, dormiamo come si suol dire, ma nel vero senso della parola, dunque a poco serve combattere contro una personalità specifica di noi stessi o contro un sintomo, perchè il loro numero è potenzialmente infinito, quello che dobbiamo fare è solo svegliarci, ed alimentare la nostra parte reale e viva, la nostra anima, che per ora è in uno stato embrionale e ha bisogno di energia e di consapevolezza per evolversi, ma una volta avviato il movimento, è come una valanga che nessun programma è in grado di frenare.

GLI ESERCIZI PER ATTRARRE CIO' CHE DESIDERIAMO

Anche per questa serie molto importante di esercizi, vale come per gli altri precedenti del ricordo del se, ossia sono totalmente intercambiabili, potrete dunque usarli in coppia o da soli a vostro piacimento, potrete usarli tutti contemporaneamente o solo quelli che sentite essere più efficaci, vi ricordo però che è doveroso provarli tutti almeno una volta, meglio se per almeno una settimana consecutiva.

Anche qui è fondamentale capire lo scopo intimo di questi esercizi, che è come ormai dovreste intuire, la sovrapposizione di convinzioni positive sopra quelle decennali che ci limitano, attrarre del denaro o una relazione soddisfacente è la norma in esseri che sanno in piena coscienza cosa desiderano, solo chi vive in una coltre di nebbia non sà ciò che desidera, e il semplice fatto che quasi tutto il pianeta sia popolato da gente confusa, non giustifica la cosa e tantomeno la rende "normale".

E' proprio per questo che chi sà bene cosa vuole ha gioco facile in questo mondo, se hai una mèta nella vita sei già di per sè avvantaggiato rispetto a chi si fà trascinare come un carrello della spesa, e in questo senso ha poca importanza in cosa credi, non serve che sia una mèta etica o alta, intanto credi già in qualcosa e sei disposto a combattere per ottenerla e per questo solo fatto hai già una marcia in più rispetto a tutti gli altri, ricorda che se non hai mète e obiettivi tuoi, qualcun altro presto ti caricherà dei suoi, spesso sono pochi esseri che conoscono molto bene queste dinamiche e le sfruttano a piene mani per "telecomandare" gli altri esseri e le grandi masse a proprio piacimento.

Responsabilità, è sempre una questione di responsabilità, come ho già detto, preferisci sforzarti di ottenere e realizzare ciò che desideri, o preferisci dedicare la tua intera esistenza per creare le fantasie (spesso ossessioni) di altri di cui non sai nulla?

Per attrarre ciò che desideri innanzitutto serve sapere chiaramente cosa desideri e perchè, serve capire intimamente cosa ti darà quell'oggetto o quella relazione, che ora non hai, cosa ti permetterà di fare e di non fare quella cosa.

Attrarre di per sè è naturale per noi e molto semplice, non dobbiamo neanche esserne consapevoli al 100%, ci basti sapere che è una nostra funzine congenita in qualità di esseri umani, il mondo Olografico che ci circonda non è alimentato da potenti raggi laser impiantati in qualche oscuro luogo dell'Universo, ma è nelle nostre menti, siamo noi i raggi laser che lo creano costantemente, è la nostra mente, è il nostro programma "mente", di per sè potentissimo ma totalmente privo di autoconoscenza, egli non sà di essere così potente, egli è come un bambino seppur un bambino prodigio ed ha bisogno della nostra guida costante, ha bisogno della nostra coscienza per sapere ciò che desideriamo per davero, egli non è in grado di distinguere da dove arrivano i desideri, per lui tutto ciò che è impresso nella sua memoria è un nostro desiderio da realizzare e subito si mette all'opera per concretizzarlo nella matrice olografica della nostra esistenza.

Non è in grado di distinguere tra il desiderio di un Kinder bueno, che ci è stato innestato a forza di migliaia di spot (convincimenti protratti nel tempo) e un desiderio realmente nostro e intimo.

E' per questo che la legge dell'Attrazione si trasforma nella legge della NON Attrazione, è la confusione a creare questo marasma e non il fatto che la legge dell'Attrazione è una bufala o altre scuse di qualunque genere.

L'ho provato personalmente e potete credermi, noi creiamo il nostro mondo "circostante" e nessun altro, ed è ovvio che sia così del resto, nessuno a parte noi potrebbe mai avere un tale potere sugli altri, però se viviamo nella totale incoscienza, preda dei nostri istinti più animali, ecco allora che perdiamo completamente la nostra guida e invece di diventare sempre più consapevoli di noi stessi, ci perdiamo sempre più nel vuoto onirico che è poi quello che vivono le stragrandi masse umane del pianeta, più ti svegli e più vedrai quanti zombi esistono intorno a te, la gente sembra sveglia ma in realtà è solo anestetizzata e vaga in giro senza mèta e senza sapere nè dove và e nè perchè.

Desiderare qualcosa, qualcosa di materiale, è un ottimo inizio per capire chi è il Creatore quaggiù, e non solo è un buon inizio ma è anche l'unico possibile in una fase iniziale di risveglio, solo attirando le cose che prima hai deciso di attrarre proverai a te stesso, come ho fatto io e moltissimi altri, che il mondo è un'esperienza meravigliosa se vissuta in piena coscienza, ti proverà che sei tu il Creatore quaggiù, altrimenti questa esistenza non merita davvero di essere vissuta, anzi peggio, non è proprio mai stata vissuta, non è mai stata consumata, proprio come uno stupido matrimonio d'interesse, dove i rapporti sono fasulli e dove sono già finiti ancor prima di cominciare.

Scrivere i propri desideri

Sembrerà banale, ma il semplice fatto di scrivere ciò che desideriamo, ce lo avvicina in modo sostanziale, lo porta alla nostra coscienza molto più rapidamente, la cosa migliore in questa fase è di fare dei test, che vedremo in seguito essere molto importanti su come comunicare in modo diretto con il nostro incoscio, che è poi colui che è in grado di manipolare il mondo Olografico che ci circonda, in pratica è Lui che è ai comandi dei "raggi laser" che creano le immagini virtuali sofisticate che chiamiamo vita.

Capire come comunicare velocemente con il nostro inconscio è fondamentale, non siamo tutti uguali e alcuni di noi sono più sensibili agli odori, altri ai suoni ecc, capirlo ci fa creare dei messaggi sempre più chiari ed efficaci, ricordatevi sempre che il nostro messaggio/desiderio è molto efficace se potratto nel tempo, esattamente come gli spot pubblicitari, senza autostressarci, dobbiamo ripetere molte volte il messaggio perchè risulti convincente, anche qui vi verranno in aiuto alcune tecniche che ho studiato personalmente e che superano facilmente queste apparenti limitazioni, sfruttiamo tutto quello che abbiamo e tutti i talenti di cui disponiamo per comunicare i nostri desideri al nostro inconscio, e vi dirò di più, se uscrete le vostre doti personali per far questo, la comunicazione sarà efficace al 100% in quanto i vostri talenti sono già di per se i vostri canali di comunicazione preferenziali.

Scrivete dunque il vostro desiderio e ripetetelo a alta voce, con voce ferma e decisa anche se all'inizio mentre vi ascoltate vi potreste sentite un pò stupidi, usate la formula che scrivo sotto perchè vi libera già di per se di convincimenti negativi e possibili sensi di colpa derivanti dall'acquisizione del desiderio:

Io ho intenzione di ricevere "un aumento dello stipendio di 200 euro mensili" entro la fine di "Marzo 2015", io desidero tutto questo o anche di meglio.

Ovviamente tra le virgolette dovrete mettere il vostro personale desiderio e la data che desiderate, datevi almeno qualche mese di tempo e sappiate che questa formula funziona sempre e comunque, sappiate inoltre che attrarrete per forza qualcosa nella direzione voluta, e sarà in base alla vostra comunicazione con il vostro inconscio a delimitare la realizzazione del desiderio espresso, state inoltre molto attenti ai segnali che riceverete subito dopo l'aver espresso il desiderio, riceverete infatti una sorta di "ritorno" in termini di azioni che dovrete compiere, se la comunicazione tra conscio e inconscio è ottimale, saprete istintivamente cosa fare e cosa evitare per realizzare il vostro sogno, il desiderare qualcosa implica un vostro "movimento" nella direzione che vi verrà presto indicata, questo badate bene non vuol dire che per attrarre ricchezze dobbiamo sudare sette camicie o fare chissà che sacrifici, anzi, la direzione è esattamente l'opposta, dovremo andare dove la strada è in discesa e facile, dove ci guida l'istinto invincibile che quel desiderio si stà concretizzando.

L'ultima parte, quella in cui scriviamo che desideriamo "tutto questo o anche di meglio", è fondamentale per spogliarla del desiderio dell'ego, che potrebbe impegnarci in desideri addirittura deleteri per noi stessi, il semplice fatto di scrivere e di dire ad alta voce questa frase, ci libera dal fardello dell'ego e delega ad un entità superiore, ossia alla nostra parte più evoluta, la creazione di cosa abbiamo realmente più bisogno in quel preciso momento della nostra vita.

Ricordate poi che se volete attrarre beni materiali, soldi in primis, dovete aver ben chiaro che il denaro ama le persone decise e rapide, se avete un intuizione su come guadagnare una forte somma, muovetevi in quella direzione, saprete subito se è quella giusta, se inizierete a ricevere ostacoli da tutte le parti, è un chiaro messaggio del vostro inconscio che state commettendo un errore e che siete entrati in conflitto con una parte di voi, capirete meglio tra poco che cosa intendo dire e vi darò indicazioni su come agire in tali situazioni e scavalcare il problema.

Capite una volta per tutte che se non realizzate qualcosa che dite di volere è perchè in realtà non la volete!

Chiariamo meglio questo punto perchè è fondamentale, è ovvio che siamo di fronte ad un conflitto, una parte di voi vuole quella cosa, ma è frenata da un altra parte che non la desidera, in questi casi, che sono poi purtroppo per noi i più numerosi, dobbiamo tirar fori il "rospo", dobbiamo far chiarezza e capire dove stà il blocco per farlo ci viene in aiuto una tecnica che ho già esposto alcuni capitoli fa, che è la Terapia Cognitiva, ma in questo caso la utilizzeremo in modo diverso ed esclusivamente per portare alla luce i possibili blocchi che abbiamo rispetto a quel dato desiderio che abbiamo espresso in precedenza:

prendete un foglio di carta e dividetelo in 3 colonne, sulla sinistra scrivete il vostro desiderio in modo chiaro e il più stringato possibile, al centro scrivete cosa otterrete se realizzerete questo desiderio e a destra scrivete che cosa Non otterrete dalla realizzazione del vostro desiderio

Prendetevi tutto il tempo che vi occorre, anche giorni, e analizzate tutte le risposte che vi darete, saranno molto illuminanti per capire dove si trova il vostro blocco, a quel punto potrete decidere di continuare a mantenere intatto il vostro desiderio, perchè riconoscete che la natura del bocco che avete è totalmente infondata e che non vi appartiene in nessun modo, oppure alla luce di quanto viene fuori, potreste sentire l'esigenza di modificare o ampliare il vostro desiderio, qui stiamo parlando di Creazione consapevole, ed è vera Magia, quella con la M maiuscola!

Voi create costantemente il vostro mondo circostante, che lo sappiate o meno, che lo desideriate o meno, il fatto di credere o meno a queste leggi universali in questo caso non influisce in nessun modo sulla loro validità.

Usare la tecnologia per attrarre meglio e di più

Ecco un punto che mi piace davvero molto, sfruttare i mezzi e le tecniche che apparentemente potrebbero essere usate per addormentare le coscienze, per attrarre in modo esponenziale ciò che desideriamo:

accendete il vostro pc e registratevi in video mentre affermate:

ho intenzione di attrarre "10.000 euro" entro la fine di "Giugno 2015", io desidero tutto questo o anche di meglio anche qui ovviamente tra le virgolette dovete mettere quello che desiderate e la data giusta per voi.

Questo sistema è probabilmente il metodo più efficace che esiste per concretizzare i nostri desideri, e ora vi spiego passo passo perchè è così valido.

Anni fa soffrivo di insonnia ed essendo contro la "pillola facile" decisi di risolvere il problema studiando dapprima il Traning Autogeno, che è un ottima tecnica contro i disturbi dell'ansia, per approdare infine all'Ipnosi, che divenne ben presto Autoipnosi una volta capite le modalità di funzionamento, ebbene sappiate che l'Ipnosi è sempre Autoipnosi indotta da noi stessi, e che siamo molto sensibili a ciò che "ci" diciamo ad alta voce, per questo che la tecnica del registrarsi, per giunta in video e non solo audio è veramente potente, prendete ora la formula sopra esposta e alla luce di quanto appena detto trasformatela nel seguente modo:

"Eugenio" ho un messaggio molto importante da darti, io ho intenzione di ricevere "10.000 euro" entro la fine di "Giugno 2015", io desidero tutto questo o anche di meglio

anche qui, cambierete il mio nome con il vostro e il resto lo sapete già, ora dovrete salvare il file sul vostro pc e metterlo in loop continuo (in ripetizione continua) ma attenzione e qui vi svelo un altro trucco importantissimo, il volume dovrà essere a malapena udibile, quasi a zero, fidatevi, il vostro inconscio lo sentirà benissimo lostesso, e anzi proprio perchè non dovrà subire il vostro condizionamento della personalità di turno, lo riceverà in modo diretto e senza veli, è quello che si chiama in gergo un messaggio subliminale, fidatevi quando vi dico che questo sistema funziona sempre e al 100%, se non otterrete comunque quello che desiderate allora dovrete passare prima dalla Terapia Cognitiva che ho descritto sopra e solo allora sarete pronti per registrare in video il vostro futuro desiderio.

Capite una volta per tutte che il denaro non è un qualcosa di limitato in questo mondo, così come non lo è l'energia, c'è così tanto denaro ed energia in questo Universo Ologramma da renderci tutti ricchi e prosperi oltre ogni nostra immaginazione e desiderio, quando lo avrai capito o intuito allora sarà tutto più facile, e non avrai molti sensi di colpa nel voler attrarre 1.000.000 di euro tutto per te.

E' arrivato il momento di una bella dose di Meccanica Quantistica, che potrà far luce anche ai più scettici su ciò che è in realtà il Denaro (e tutto il resto), ciò che vediamo e tocchiamo esiste in uno stato di Onda/Particella, un concetto già di per sè paradossale ed impossibile per la nostra umana comprensione, tutto ciò che esiste qui è in uno stato di Onda/Energia impalpabile, i trilioni di euro ci svolazzano davanti alla faccia costantemente, con l'avvento dei computer e di internet poi questa realtà è doppiamente reale, l'abbondanza economica e finanziaria esistono sia in uno stato di Onda indistinta che in uno stato di particella reale (Olografica), il tuo assegno o la tua palpabile mazzetta di euro, esistono già da qualche parte e aspettano solo un buon uomo che li voglia raccogliere, che gli dia una "forma reale", cosa che qui può avvenire solo con un atto di coscienza, con il semplice desiderio o attenzione, ricordate che l'Osservatore è colui che crea e rende reale una cosa che solo pochi istanti prima era una semplice eventualità indistinta.

Capisco che sono concetti che possono apparire assurdi, e lo sono per davvero nella nostra macroscopica realtà, ma badate che questo è quello che ci dicono gli scienziati su quello che realmente è la sostanza del nostro Universo, sappiatelo e leggete quanto più potete sulle nuove frontiere della Fisica Quantistica, in fondo al libro cito alcuni Titoli che reputo fondamentali per capire appieno questi concetti, che solo brevemente per questioni di spazio affronto qui.

Vi basti intuire che i milioni esistono sempre e comunque ed esistono le auto e le ville e quant'altro di bello e di brutto ci circonda, tutto ciò esiste in una forma di pensiero impalpabile per così dire, immaginate tutte queste cose come in un immenso congelatore, che aspettano solo che qualcuno le scongeli e le tiri fuori, ebbene sappi che con le tecniche che ti ho appena illustrato, stai facendo proprio questo, stai trasformando una indistinta Onda/Particella in una "realissima" banconota da 500 euro o tutto ciò che desideri, sta a te crederci e intuirne la meravigliosità che si cela dietro tutto questo, sta a te creare ciò che ti circonda, non aspettare che qualche altro Mago lo faccia per te, sciocca te stesso con un gioco di prestigio, dimostrati che lo puoi fare, concediti il lusso di creare ciò che vuoi.

Anni fa ero al verde, molto verde, decisi però che ne avevo abbastanza di quella allucinazione e un giorno mi dissi a me stesso la seguente frase:

se proprio deve essere un Sogno questa esistenza, voglio fare in modo che sia un bellissimo Sogno

Siamo qui per sperimentare autocoscienza e non per soffrire come cani (che poi soffrono mediamente molto meno di noi), svegliati, se hai una vita allo sbando è perchè ti stà sfuggendo qualcosa di importante, lo sai che è così, lo intuisci ma serve un atto iniziale di coraggio da parte tua perchè si attui una trasmutazione alchemica, alcune cose si possono capire con la mente, altre le sono celate per sempre, sono troppo oltre, e solo l'Anima è in grado di scrutarle e di vederle.

L'Anima si crea nell'Officina del ricordo del sè, ed è l'unica cosa che rimarrà per sempre, desiderare auto e denaro ci avvicina alla meccanica Olografica della nostra esistenza, ci fa intuire il funzionamento della Macchina/Programma, è un pò come guardare la cinepresa dal lato opposto e indagarne il funzionamento, siamo tutti alle prese con un incredibile mistero irrisolto, che è la nostra esistenza.

Concludo il Capitolo riguardante gli "esercizi pratici" includendone un ultimo, che è poi l'unione di tutti gli esercizi precedenti,

esegui due profondi respiri e resta cosciente di te stesso per tutta la durata dell'esecuzione, adesso accendi la videocamera e mentre ti registri parla ad alta voce dicendo:

eccomi, sono qui consapevole di me stesso, sveglio e presente, ho intenzione di attrarre un "nuovo appartamento in riva al mare" e lo desidero entro la fine di "Luglio 2015", desidero tutto questo o anche di meglio

come sempre dovrai modificare a tuo piacimento quello che è scritto tra le virgolette.

Tornate ora indietro di qualche pagina e rileggetevi tutti gli esercizi che ho esposto in precedenza, compresi i primi riguardanti il vostro specifico rapporto di vicinanza con il denaro, applicateli subito e non dimenticate mai di averne almeno uno in corso, sempre, questo sarà per voi la migliore garanzia di un flusso costante e ininterrotto di prosperità e di prolifica autocreazione.

Tutti questi esercizi sono molto potenti e lavorano sempre e comunque, che lo crediate o meno, fanno leva su leggi che solo in minima parte stiamo iniziando a comprendere, se state leggendo questo libro è proprio perchè intuite che c'è molto di più di quello che vorrebbero farci credere, ed è proprio così, lo capirete con la vostra esperienza e con il tempo.

CONCLUSIONI

La meraviglia della creazione, riprodotta in immensi capolavori artistici senza tempo, non riguarda solo entità superiori ma ci riguarda in prima persona, abbiamo ricevuto questo dono incredibile, che dobbiamo usare in modo cosciente e consapevole, fidatevi quando vi dico che è anche incredibilmente divertente, a volte in alcuni film di bassa lega, si vede il solito creatore folle, spesso uno scienziato, che una volta che ha scoperto di essere in grado di creare la propria realtà impazzisce e si monta la testa a tal punto da voler governare il mondo, ebbene anche questa è un immagine ed una metafora estremamente negativa, il cui unico scopo è quello di far sorridere o peggio, quando crei in modo cosciente ti rendi conto di quanto sia ovvio e naturale per tutti farlo, non è una cosa eccezionale di per se, è eccezionale farlo in modo consapevole in questa società, questo di sicuro.

Noi tutti siamo esseri Divini che sono decaduti in un Universo Olografico creato appositamente per farci sperimentare cose ed esperienze e per risvegliarci, siamo qui per creare di sana pianta la nostra Anima autocosciente, che solo in minima parte è consapevole di se stessa alla nascita, è come un bambino che deve imparare tutto.

Non ricordiamo nulla del nostro passato Divino per il semplice fatto che questo ricordo è stato soppresso alla nostra nascita e questo fa parte del Programma che stiamo vivendo.

Alcuni di noi, avendo già vissuto come essere umano parecchie vite è ad un livello di coscienza più evoluto rispetto ad altri, in alcuni rarissimi casi poi ci sono esempi di umani che ricordano perfettamente le proprie esistenze passate, io personalmente ho avuto qualche raro flash delle mie vite passate in alcuni sogni di natura molto particolare, e sono state esperienze estremamente illuminanti per me e di grandissima forza.

A volte durante gli esercizi di ricordo del se potreste ricevere, alcune facoltà che si potrebbero definire grossolanamente "paranormali", non preoccupatevi, se le avete è perché vi servono per il vostro personale viaggio, se invece non le avete, non preoccupatevi lostesso, vuol dire che non vi servono, non sono davvero importanti credetemi, e spesso possono essere pericolose e dare un pò alla testa a chi le sperimenta per la prima volta.

Per dovere di cronaca comunque qui di seguito vi cito le più comuni che potrebbe capitarvi di sperimentare.

Con gli esercizi del ricordo del sè, molto spesso si va ad influire sulla qualità del sonno, che migliora di molto, ma cambia anche, come si intuisce, potrebbe capitarvi di "svegliarvi" lucidi e perfettamente coscienti anche durante la fase del sogno, capita spesso ed è un'esperienza meravigliosa se la conosciamo, non preoccupatevi e godetevi questa esperienza, sappiate che moltissime persone pagherebbero oro per riuscirci ed effettuano regolari esercizi da anni per poter vivere questa esperienza.

Se lo desiderate, in questa particolare fase, potrete staccarvi dal corpo con il solo desiderio di volerlo fare e vivere quella che in termine tecnico si definisce una OBE, di cui ho accennato alcuni capitoli fa, in pratica possiamo molto facilmente staccarci dal nostro corpo e vivere un'esperienza extracorporea, io ho personalmente studiato e sperimentato molte volte questo fenomeno e devo dire che non mi meraviglia che così tante persone lo trovino affascinante e interessante.

Quando "vaghiamo" durante una OBE, siamo esattamente dove andremo alla nostra morte fisica, siamo nel mondo delle emozioni, per questo spesso la prima esperienza di OBE è scioccante e sconvolgente, lo è stato anche per me, il distacco dal corpo che proviamo è esattamente quello che proveremo durante la nostra morte fisica, in questo limbo è il nostro livello di coscienza acquisito in vita o da svegli, a fare la differenza, se avremo costruito una coscienza potente, saremo estremamente lucidi anche in questa particolare fase della nostra "vita" e potremo andare oltre, se avremo vissuto nella totale incoscienza invece potremmo dover vagare per tempi enormi in questo stato di incoscienza, prima di passare al livello successivo.

Non è materia di questo libro e dunque vi dirò molto brevemente che quando moriamo fisicamente, andiamo nel così detto mondo Astrale o mondo delle emozioni, che è quello che possiamo sperimentare durante un OBE o durante un sogno lucido, se saremo coscienti di noi stessi potremo transitare per un periodo brevissimo in questa fase, per poi "morire" nuovamente ed andare nel mondo sucessivo, che è il mondo delle emozioni superiori, o Piano Causale, dove ha dimora la nostra vera Anima, alla fine di questa fase abbiamo la possibilità di decidere se fonderci con l'UNO e riversare tutta la nostra coscienza consapevole in esso (se ne abbiamo creata una) oppure fare il viaggio a ritroso e reincarnarci come umani da qualche parte nell'Universo Ologramma e ricominciare tutto da capo.

Può capitare spesso durante gli esercizi del ricordo del se e dell'attrazione, di assistere a molte "coincidenze" o "sincronicità" davvero incredibili, il mio consiglio è di vederle e di esaminarle a fondo, perchè sono segnali molto chiari di un messaggio inconscio che deve venir fuori, vi ricordo inoltre che per loro natura le sincronicità non rispettano per forza il normale flusso del tempo e potrebbero venire indistintamente sia dal futuro che dal passato, per come la vedo io, tutto questo fa parte di quel fascino misterioso che inizia a svelarsi non appena iniziamo a svegliarci dal torpore che ci affligge.

Anche il tema delle "sincronicità" così come il tema appena sfiorato è talmente vasto e misterioso che non basterebbe un intero libro per sondarlo, è mia premura perciò segnalarvi alcuni testi in merito all'argomento, che potrebbero farvi capire meglio l'entità del discorso, potrete trovare l'elenco dei titoli alla fine del libro.

Quasi sicuramente poi, durante gli esercizi, potreste rendervi conto di possedere come una sorta di visione ai Raggi X nei confronti delle persone e delle situazioni che incontrate, mi spiego meglio, potreste intuire in un unico istante ciò che la persona innanzi a voi sta provando in quel momento, anche qui non montatevi la testa e non spaventatevi, è normale, è semplicemente la vostra coscienza in espansione che è ora in grado di vedere cose e particolari che prima ignorava o che non era in grado di vedere, espandere la propria coscienza non è un atto "virtuale", ma un azione protratta nel tempo che ha un immediato riscontro nel nostro mondo Olografico e non solo in quello.

Difficilmente cadremo ancora nelle banali trappole in cui cade facilmente l'occhio e la mente, banali effetti ingannatori visivi o acustici, ricordate la foto della ragazza con 6 dita di alcuni capitoli fa, allenando la nostra coscienza al risveglio siamo per la prima volta svegli per davvero ed è davvero molto difficile ingannare un "tipo sveglio" ve lo garantisco, fate quotidianamente gli esercizi per l'Attrazione e ricordatevi di voi stessi il più a lungo possibile e potrete finalmente costruirvi il vostro mondo su misura a vostro piacimento e che più risuona con le vostre corde interiori.

Quando compiamo l'atto di creare in modo cosciente, siamo il Divino stesso che in un attimo di comprensione di se stesso si ricorda chi è, molto spesso associamo queste forme elevate di esistenza a persone irreali, che non esistono nella realtà, o le pensiamo come irragiungibili o peggio ancora le crediamo degli invasati che credono anche agli elefanti volanti, anche qui è sempre il preconcetto di quello che "dovrebbe" essere ed il giudizio sfrenato del nostro ego che si sente minacciato ad entrare in gioco, un essere completamente sveglio non ha nulla a che fare con un presunto tizio che se ne va in giro scalzo, con le mani alzate e con un cerchietto bianco sulla testa, anzi, spesso i più svegli hanno un animo guerriero, instancabile e profondo.

L'immagine del risvegliato che gode della meraviglia del mondo mentre medita in riva al mare è un immagine molto poetica, ma fuorviante, sei sveglio quando disarmi il tuo ego di fronte alle difficoltà della vita "reale" che stai vivendo ora, giorno per giorno, quando la tua ragazza ti lascia per un altro o quando vieni licenziato a 50 anni.

Agli occhi dell'addormentato, il risvegliato risulta incomprensibile e i suoi atteggiamenti sembrano non seguire nessuna logica, ma quello che accade in realtà è che da svegli smettiamo di ragionare esclusivamente con le logiche della sopravvivenza, ma iniziamo ad ampliare il nostro livello esistenziale includendo anche quelle azioni che potrebero sembrare essere contro la nostra stessa sopravivvenza, ma come già sappiamo è solo un trucco della nostra mente, che terrorizzata dalla morte, ci fa credere che a morire saremo Noi, ma in realtà l'unica che sparirà sarà solo lei, il nostro ego, quel programma sofisticato che ci serve per vivere in questo pianeta, ma che nulla ha a che fare con la nostra vera natura.

Vivere nell'abbondanza, materiale e di sentimenti gratificanti è quello che il nostro Universo vuole per noi, distaccarci da questo è sbagliato e non porta a nessun risveglio, ma anzi, basta vedere cosa ci viene costantemente propinato, il denaro viene sempre e comunque legato a convinzioni negative, in modo da creare in noi resistenze e freni alla sua acquisizione, è chiaramente esattamente opposto, infatti un essere avaro lo sarà sempre e comunque, sia da ricco che da povero, un essere generoso lo sarà sia da ricco che da povero e queste cose sono sotto gli occhi di tutti è solo che ce le dimentichiamo in favore di credenze superficiali e sbagliate.

Mai come oggi sprechiamo così tanta energia e tempo per ottenere il minimo indispensabile per vivere, del cibo, una casa, dei vestiti, e questo non va assolutamente bene, il nostro tempo qui, con queste specificità e caratteristiche è limitato e non dobbiamo permettere di farcelo sprecare esclusivamente per cose così scontate e banali, sta a noi non permetterlo, è una questione di priorità, tutti sappiamo che prima o poi, magari in punto di morte, ce ne pentiremo e avvertiremo il senso di inutilità di una esistenza vuota, come quella di un grosso criceto che ha passato la vita a girare dentro una ruota ferma che non è andata da nessuna parte, ma combattere un nemico che crediamo al di fuori di noi e che ci costringe a vivere questo inutile destino è sbagliato, il nemico è dentro di noi ed è nelle nostre convinzioni che abbiamo accettato di avallare e che alla fine finiranno per dominarci e addormentarci del tutto.

Stiamo vivendo momenti epocali dal punto di vista sociale e culturale, questi mutamenti non sono decisi da noi, che ne faremmo volentieri a meno, ma sono decisi dai nostri governanti che ciclicamente reputano necessario uno scontro più o meno efferato tra presunte fazioni opposte, ogni inizio secolo ci propinano qualche "catastrofe" di grossa entità, come una sorta di videogioco sparatutto in cui nessuno vince veramente, il trucco riuscirà sempre e ciclicamente fino a che le nostre coscienze accetteranno di farsi prendere per il naso in questo modo, io gioco solo quando ne ho voglia e decido io a quale gioco giocare e non qualcun altro.

Ma in fondo ha tutto una sua logica, anche questo seppur folle sistema, così, l'inferno è qui sulla terra solo se decidiamo e ci facciamo convincere che è così, possiamo iniziare a svegliarci invece ed uscire per sempre da queste logiche così grossolane per addentrarci in un luogo inesplorato che è la nostra natura più ancestrale, dove vigono ben altre "regole" e dove la coscienza della nostra natura immortale ci fà capire quanto la sopravvivvenza dell'ego è inutile ed impossibile, ciò che è mortale dovrà prima o poi morire in questo universo Ologramma in cui viviamo, ciò che proseguirà il percorso dipende da noi e da quanto lavoriamo su noi stessi adesso, è questa la sfida che ci attende ed il motivo per cui siamo qui, tutto il resto è puro passatempo, tutto il resto è un sogno sapendo di sognare, dove nulla conta veramente.

FILM E LETTURE CONSIGLIATE

LETTURE CONSIGLIATE

La luna di Einstein, David Lindley e Igor Novikov

La mente di Dio, Massimo Teodorani

Entanglement, Massimo Teodorani

E Dio creò la mente, Fiorella Rustici

La Sincronicità, Carl G. Jung

Il potere di adesso, Eckhart Tolle

Vedute sul mondo reale, Georges I. Gurdjieff

Ricordati chi sei, David Icke

Il segreto più nascosto, David Icke

Le leggi dell'abbondanza, Stuart Wilde

The Key, Joe Vitale

Attractor factor, Joe Vitale

Aumenta il tuo QI finanziario, Robert T. Kiyosaki

Guadagnare e vendere con ebay, Eugenio Carico

Il Viaggio Astrale, Gavin e Yvonne Fros

FILMOLOGIA CONSIGLIATA

Il tredicesimo piano, Josef Rusnak
Matrix, Fratelli Wachowski
Essi vivono, John Carpenter
Nirvana, Gabriele Salvatores
The Truman Show, Peter Weir
Existenz, David Cronenberg
The Others, Alejandro Amenàbar
Il sesto senso, M. Night Shyamalan
Tron, Steven Lisberger
Al di là dei sogni, Vincent Ward
Il Signore degli anelli, Trilogia, Peter Jackson
Wargame, John Badham

INDICE

www.ingramcontent.com/pod-product-compliance
Lightning Source LLC
Chambersburg PA
CBHW060415290526
45791CB00002B/762